Leaves
Publishing

根 以讀者爲其根本

莖 用生活來做支撐

葉 引發思考或功用

果 獲取效益或趣味

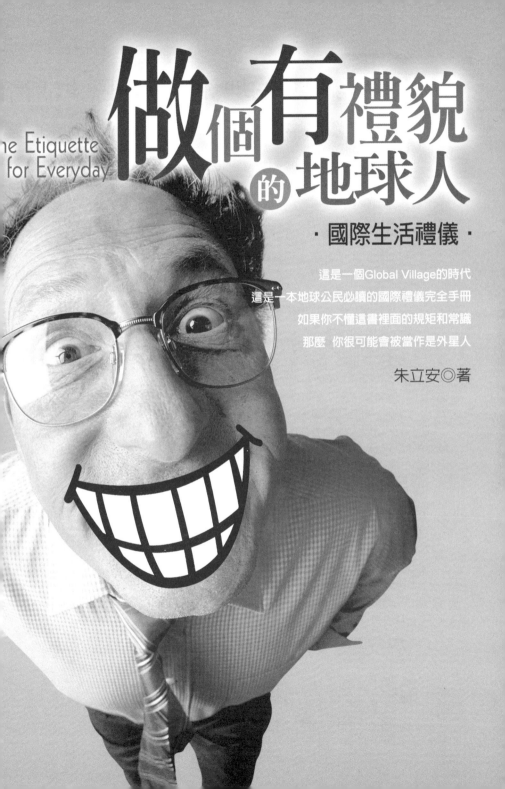

三色堇 PANSY

做個有禮貌的地球人－國際生活禮儀

作　　者：朱立安
出 版 者：葉子出版股份有限公司
發 行 人：宋宏智
企劃主編：林淑雯
行銷企劃：汪君瑜
責任編輯：洪崇耀
文字編輯：洪崇耀
美術編輯：引線視覺設計有限公司
封面設計：引線視覺設計有限公司
印　　務：許鈞棋
專案行銷：吳明潤
登 記 證：局版北市業字第677號
地　　址：台北市新生南路三段88號7樓之3
電　　話：（02）2363-5748　　　傳　真：（02）2366-0313
讀者服務信箱：service@ycrc.com.tw
網　址：http://www.ycrc.com.tw
郵撥帳號：19735365　　　　戶　名：葉忠賢
印刷：鼎易印刷事業事業股份有限公司
法律顧問：北辰著作權事務所
初版一刷：2004年 12月　　　新台幣：220元
ISBN：986-7609-48-4

國家圖書館出版品預行編目資料

做個有禮貌的地球人─國際生活禮儀
朱立安著作. 初版 臺北市：葉子，
2004[民93]　　　面；　公分
ISBN 986-7609-48-4(平裝)
1. 禮儀
192.31　　　　　　　　　93021557

總　經　銷：　揚智文化事業股份有限公司
地　　址：　台北市新生南路三段88號5樓之6
電　　話：　（02）23660309
傳　　真：　（02）23660310

※本書如有缺頁、破損、裝訂錯誤，請寄回更換

　　我國即將進入已開發國家（Developed country）之林，自是應可與世界上諸先進國家，如美英法德日等映像中之列強平起平坐享受其他開發中國家羨慕之情，此意味我國全國之平均國民所得、國民教育平均水準、生活環境，醫療環境……等，與其他已開發國家相稱，這些客觀環境與條件允稱客觀，但是身為一個文明國家的公民應有之國際觀，參與公私國際場合時之應有舉止進退、稱呼言談等，我們捫心自問：我國公民是否已達國際公民之水準乎？

　　自從清末時節以來，滿清政府以為列強凌我之處不過是「船堅砲利」而已，因此一面送優秀學子出洋學習，期「師夷狄之長以制夷」；一方面派遣李鴻章等親信大臣出國採購西洋之「利砲堅船」，寄望至少能在再次與洋人對仗時能打個平手，不致慘敗。出國採購讓李宰相鬧了不少笑話，如「捧痰盂僕人隨侍在側」、「敢叫滿朝喝洗指水」等至今仍為人茶餘飯後傳頌。優秀學子出洋學習則由於常居國外，除了師夷狄之長外也學習到列強之文明法制精神，民主之思想也因而萌芽，這也是為何民國革命時留洋學生參與最為積極之故。留學生同時也注意到西洋之風俗與禮節與故國處處迴然，疑惑之餘不免也開始考西洋禮儀之意義與何宜性，這也是我國開始談論「國際禮儀」之濫觴，當然所謂「國際禮儀」者，自然而然是指西洋諸國而論了。

　　數年之前我國出國人口即已逾六百萬人次，不但舉世稱羨，影響所及並造成我國國際影響力亦隨之急速擴大，較之二十年前觀光始開時已不可同日而語。然而，出國人口雖在量的方面雖劇增，但於國民素質方面卻進步緩慢，尤其是關於生活國際禮儀部份。究其因恐肇因於學校教育並不傳授（連老師本身也缺乏這方面的常識）；社會教育又付之闕如，國民出國旅

遊只能靠自己摸索，或是由旅遊相關機構斷斷續續地介紹（其中又有不少謬誤），因此造成百姓以訛傳訛，眾說紛紜，莫衷一是。不但造成國際社會間驚訝於我國民經濟與文化水準落差如此之大，也間接造成台灣觀光客在國外永遠只受歡迎（利益），而不受敬重（素質）的尷尬與遺憾。

由此，我國人在國外旅遊參觀或是與外人共處一堂時，即便是教育水準相當高的學校老師、企業主管，甚至是醫生，律師等社會名流，也常常會有不知如何措其手足之感，言談舉止時不免心中忐忑，惴惴不安。而年輕朋友則表現出「只要我喜歡有什麼不可以？」之粗魯愚昧之舉止。

究其因，國內可以提供國人自修之「國際禮儀」相關書籍不但相當罕見，有些雖然書名與「國際禮儀」沾上邊或有類似意涵者，仔細瀏覽內文方覺不過是外交禮儀，一般尋常百姓一輩子也難有機會用上一次的；要不就是談論一些服裝穿著、女性打扮與坐姿的要領……等，這些似乎最多只能稱為美姿美儀專書，與「國際禮儀」之精神與意義相距仍相當遙遠。

由此，我們不懷惴露，以多年海外遊走的經驗和諮詢觀察的結果，定名為「做個有禮貌的地球人」──國際禮儀須知，內容共分：飲食、衣著、住宿、交通、娛樂及國人最缺乏的意外事件。將每人每天都有機會遭遇到的狀況加以分析解釋，不但告之國人何者方為合宜，同時也讓大家了解其原因為何。望我國人從此後身在國外時，不論任何場合均能舉止得宜，怡然自處，不再有忐忑不安的情形了，並從而養成我大國民的氣質，是幸！

朱立安　台北2004.11.

Part 1
怎麼穿最合「禮」

　　「人要衣裝，佛要金裝」，一個人的外表在公共場合至為重要，除了服裝本身的材質、式樣，搭配的配件也必須合宜、整齊，另外，優雅的態度舉止，也可視為整體外表的一部分，不可缺失。

Chapter. 怎麼穿最合「禮」

穿西裝時自然以西裝頭為合宜，鬢角不可過長，否則看起來沒精神。頭髮必須清潔乾淨，梳理整齊有型，可用髮油或定型液固定髮型。另外應避免頭皮屑出現，鬍鬚、汗毛均須剃乾淨（西洋人有些一天得剃兩次鬍鬚，以免名為 Afternoon Shadow 之鬍鬚出現）……

型男怎麼穿？

西裝上衣

在一般正式場合，男性均以西裝為宜，其材質則以毛絨質料、不易起皺者為佳，顏色則以暗色系如黑藍、墨綠、深褐、深棕色為主，但不可穿著全黑色的服裝，以免令人有參加喪禮的誤會。至於淺色系之西裝則可在比較非正式的場合穿著；白色西裝似乎只有演藝界人士才會穿，因為會給人誇張、炫耀的感覺。

西裝上衣必須與西裝褲完全同一顏色、材質（除了假日休閒可以不同顏色搭配穿著，稱為 Sport suits），方為正式。穿著時，若上衣為單排扣，則最底下的一顆扣子不可扣上（此習慣據說源自英國的古代，由於騎馬機會頻繁，一般紳士上下馬時打開上衣較為方便）。若內有穿著西裝式背心，也是一樣最下面的一顆扣子可不扣；而穿著雙排扣西裝則必須全部扣上。開會、談天坐下時可將西裝扣子全部解開，但起身時必須

依前述規定迅速扣好。若遭主持人點名至台上向他人介紹時,可以於起身後,一面扣上衣扣一面走上講台,並不失禮。因為如此可以節省其他人等待的時間。

襯衫

深色西裝必須搭配淺色襯衫,方才顯得精神抖擻,可穿白色、淺藍色、米色等長袖襯衫,或是與西裝相同色系的襯衫,但顏色則是愈淺愈佳,材質則以絲、棉、麻等為佳。若衣領上有小領帶扣則必須扣好,若有領針的小孔則必須插入領針,若襯衫衣領為搭配領結專用者,則千萬不可打領帶以免令人驚訝,惹來笑話。此外襯衫必須燙得平整,切不可有皺痕、污點。

領帶

領帶的選擇與打法相當多樣化,可以收到畫龍點睛的效果,這也是男士服裝中比較可以展現個人風格的地方。領帶可以較為花俏豔麗,但須注意其長短適宜程度,以及領夾的搭配選用。在某些非正式的場合,使用領巾來代替領帶也不失為較活潑的選擇,但在正式場合上使用領結應以暗黑色為宜。

鞋子

皮鞋應以黑色為主，而繫鞋帶的皮鞋，比不用鞋帶的皮鞋來得正式。如果不穿黑皮鞋，也可以搭配西裝顏色穿著，如深咖啡色西裝可配穿咖啡色皮鞋。此外，鞋面及邊緣應保持乾淨，擦上鞋油打亮並不得有破損、裂縫等情形。

襪子

襪子與皮鞋相同，以黑色為主，但可以選擇上面有標記或小裝飾或有暗色花紋者亦不為過，但須注意是否有破洞、是否清潔等小細節，長度也不宜太短，以免坐下來時可能露出「飛毛腿」。

髮型

穿西裝時自然以西裝頭為合宜，鬢角不可過長，否則看起來沒有精神。頭髮必須清潔乾淨，梳理整齊有型，可用髮油或定型液固定髮型。另外應避免頭皮屑出現，鬍鬚、汗毛均須剃乾淨（西洋人有些一天得剃兩次鬍鬚，以免名為 Afternoon Shadow 之鬍鬚出現），鼻毛亦不可外露。若是髮質太軟覆蓋額頭時，可以用定型液固定頭髮。

雙手

指甲修短、雙手保持乾燥清潔，手錶、戒指等物不可太過炫耀，以免給人過於俗豔之感。使用完洗手間後，必須擦乾或是烘乾雙手，以免握手時給人潮溼不潔的感覺。

襯衫穿著

穿著襯衫時，袖口最好是略長於西裝外套的袖口，大約長個兩公分左右即可，太短會讓人感覺怪異，太長了則會顯得不夠精神。穿深色襯衫最好不要搭配淺色的絲質領帶，因為大概只有紐約的黑社會混混才會如此打扮，一副地痞、無賴的模樣。

另外，無論在任何情形之下，也絕對不可在西裝內穿上短袖的襯衫，如此看起來與身穿西裝腳穿球鞋沒有什麼兩樣。如果天氣真的很熱，則可以把西裝外套脫去，把長袖襯衫的袖口捲起，這是眾人可以接受的權宜之計。

皮鞋

皮鞋避免穿著過大，以免不自覺把它當拖鞋來穿，想想看，穿了西裝卻拖著皮鞋走，是不是讓人想起了一代奇才—卓別林？其實不但是男士，我國有不少女性朋友也常常打扮得漂漂亮亮，卻把腳底的高跟鞋拖得踢踢躂躂，小小的一個動作，毀掉了費盡心力的妝扮而不自知！

領帶結

可以打單結或是雙結，但必須把結打得結實，且領帶必須完全圍住領子，不要露出襯衫第一顆扣子，否則會顯得很突兀。若領子另須扣領帶扣時，則必須將它扣完整；若必須以領針固定，則加穿扣針才算整齊。

西裝長褲

西裝長褲不宜過長，以免看起來邋遢；也不可以過短，否則坐下時會露出一雙飛毛腿，非常不雅。不可有皺痕，褲管的線條必須燙出來，褲後、口袋、兩側口袋最好不要塞了一大堆東西，此外，口袋必須保持平順，不要擠成一堆。

頭皮屑

頭皮屑會予人一種不潔的感覺，最好能事先防範，若沒把握，則可以穿著淺色上裝做為掩飾。

皮帶

以深色為原則，最好是黑色或是與西裝同一色系的皮帶，若皮帶頭是金屬製的，也必須擦拭乾淨、光可鑑人。

身材

　　矮胖者不宜穿著雙排扣西裝，也不宜穿著寬條紋或是格子式樣的西服，否則看起來會更加臃腫。反之，身材太瘦高者則應避免細條紋服裝，或是三、四顆鈕子的單排扣西裝上衣。

古龍水

　　國人一向少有擦古龍水的習慣，不過在正式場合不妨滴一點試試看，至少感覺精神比較抖擻。外國朋友使用頻率可就高得多了，正式場合必須要擦，一般場所也少不了，似乎已變成服裝的一部分了。

領針

　　領針不但有裝飾的效果，更可以避免彎腰時領帶離身下垂，如此不但不方便，在餐會時更可能會沾到菜餚、飲料等而不自知，況且領針也是男士可以稍微變換花樣的少數地方，不妨花點心思搭配一下吧！

手不可插在上衣的口袋

　　現在已很少看見有人會把手插在西裝上衣的口袋中，但有不少人依然把口袋中塞得滿滿的，可能是手帕、衛生紙之類的東西，看起來非常奇怪。

0

雙排扣西裝

雙排扣西裝內若有一條細窄的帶子與一暗藏於內側的扣子，必須把帶子在另一端上扣好，這是爲了讓你穿西裝時看起來會更英挺而設計的。

西裝褲

西裝褲最上方的拉鍊上除了有一顆扣子外，在其旁斜角亦多會有另一顆扣子，這也是爲了讓長褲看起來直挺而設計的，請把它也扣上。

首飾

男士不同於女士，是不需要配戴首飾的，有些人就用鑽石手錶、耀眼的大型寶石戒指，以達到有意無意的炫耀目的。在正式的場合，這種方法只會顯得粗俗與膚淺，是絕對無法贏得他人「尊重」的，而且更有可能適得其反。

雙手

雙手可以插在西裝褲的口袋，但是要注意，不要由於兩隻手插在口袋裡卻把西裝上衣的背後分叉給撐開而露出背部的襯衫，這樣就不太好看了。

Tip 西裝穿著須知。

　　西裝上衣與長褲都必須平整筆挺，若有皺痕等必須事前燙平，若是臨時發現已無法補救時，可以用少量的清水暫時壓平它。腹部太突出者可以加一件與西裝同款的西裝背心加以束縛，看起來會更活潑，也更有精神。男士的穿著雖然變化較少，但是仍然不可馬虎，否則在極其重視穿著的西方社會，必定會遭人輕視，這倒不是以外表取人，而是他們認為一個人如果連基本的穿著禮儀都不懂，其他方面也就可想而知了。如果你想要穿得有品味，又不知如何著手，不妨多向懂得穿著的朋友請教，或者多學學西方名士的穿著打扮，稍稍用點心來觀察，絕對會有很好的收穫！

領帶的由來　　Knowledge

　　當人們穿著正式西服時,一定會搭配一條漂亮的領帶,整個人因此顯的美觀大方又能給人優雅英俊之感,然而,象徵著禮儀的領帶,卻是因緣際會演變而來的。領帶的第一個傳說是,以前法國與外國發生戰爭時戰敗,故東歐某國之騎兵隊騎著駿馬進入巴黎,士兵頸部均圍以白色絲巾做標記,巴黎市民覺得很好看,紛紛起而效尤,開啟由領巾而領帶之風氣。

　　第二個傳說,領帶是英國婦女的發明。中世紀的英國仍然落後,社會地位較低之英國人常以豬、牛、羊肉為食,且進食時不用刀叉,而是用手抓起肉塊放在嘴中啃咬。由於那時尚無刮鬍刀,成年男子都蓄著亂糟糟的大鬍子,進食時弄髒了下巴便用衣袖去抹,婦女們經常要為男人清洗沾滿油垢的衣服。在不勝其煩之後,她們想出了一個方法,在男人的衣領下巴掛一塊布條,可隨時用來擦嘴,同時在袖口上縫幾顆小石子,若男人們再用衣袖擦嘴就會被石子刮傷,於是英國的男人們改掉了以往不文明的行為,而布條和小石子自然也就成為英國男子上衣的傳統附屬物──繫在脖子上的領帶和縫在袖口的袖釦,並逐漸成為世界流行的式樣。

　　法國皇帝拿破崙率領軍隊過阿爾卑斯山脈進攻義大利時,由於天氣酷寒,許多士兵因而感冒流鼻涕,行軍匆匆之際往往順手用袖口擦鼻涕,使得軍容極為不堪。拿破崙看了以後雖不忍苛責但是亦覺不妥,於是心生一計,也就是與英國婦女相同之方式,在士兵的衣領下掛一塊布,可隨時用來擦鼻涕,同時在袖口上縫幾顆小石子,以免士兵用袖子擦鼻涕。從此軍隊之軍服就有了領巾以及袖釦了。而西服亦由軍服演變而來,因此領帶與袖釦自然保留了下來。如果不相信的話,請注意所有正式之西服之翻領部分一定有一空的「釦眼」,但是卻找不到釦子即可證明了,因為本來領子是翻上去以便天寒時可以扣起釦子保暖之用,後來當作禮服後自然不需翻起領口了,釦子不見了,釦眼卻一直做傳統保存了下來。

靚女怎麼穿？

女士服裝可分日間與夜間及渡假時的穿著三種：

日間正式場合

正式會議等場合一般來說與男士相同，以西式套裝為主，下半身可改穿窄裙代替長褲，其質料、剪裁亦須完全與上衣相同，但顏色方面則可以稍加變化，淺色系亦無不可，花色也可表現得較活潑一些。

☆窄裙

長短須合宜，這點十分重要，太長會顯得保守呆板，太短則變得輕浮、輕佻，另須注意褲襪顏色的搭配與選擇，以避免突兀。

☆首飾

耳環、項鍊、手鐲等最好選擇同一樣式為佳，以小巧精緻為原則，避免太過炫耀或把所有家當全部都戴出來示眾。

☆化妝

淡妝、整齊乾淨，且不時散發出淡雅香味的女人永遠是受人歡迎的。

☆皮包

以肩背式方型皮包為佳，如果攜帶東西較多時，不妨另外加一只方型手提箱，簡單大方，為女性上班族的標準裝扮。

夜間正式場合

　有人說「夜晚是屬於女人的」，西洋女人尤其身體力行，白天、晚上簡直可以判若兩人。女性在夜間的裝扮可以盡量地誇張、炫耀，高跟鞋、亮片皮包、低胸禮服、閃亮的珠寶、首飾，無一不散發著女性的魅力，再加上迷人的香水，綜合在一起就成了「女人是上帝的傑作」！

休閒渡假時

☆在國外旅遊渡假時

　以輕鬆方便為原則，尤其是歐洲地區許多路面是由方石塊組成，若穿細跟鞋則難免不時要彎下腰來拔鞋跟，十分不方便。然而若旅程中有

▲到不同的國度不同的景點旅遊，皆有其特殊的服裝搭配。

安排夜總會、正式餐廳，則不論男女應著正式服裝，有些高級場所，還有男士不打領帶不準入內的規定，最好事先問清楚，以免被拒於門外。最起碼穿短褲、短裙、背心、拖鞋、球鞋是保證吃閉門羹的。

☆服裝搭配必須配合年齡

年紀一大把還硬要穿著最時髦的服裝,總是會給人說不出口的感覺,哪怕是長得再美、身材保持得再好,結果也是一樣。所以迷你裙、熱褲只適合某一年齡層的女孩,但是總是有一些女人老是弄不清楚這一點。

☆注意自己的身材

即使是非常漂亮的衣服,穿在自己的身上也不見得好看,說不定會有反效果。選擇服裝必須顧及自己的髮型,聰明的女性總是會把全身打扮得自然並兼具特色,讓男士的目光焦點落在她的身上。

☆在精不在多

雖然說「女人的衣服永遠是少一件的」,但是把一些質料、剪裁俱佳的服裝搭配在一起,可能遠勝於一大堆廉價低俗拼湊而成的套裝。

☆皮包

皮包絕對不要斜肩背著好像背書包一般,非常庸俗難看。只有一種小型迷你小包包是少女專用的,可以俏皮地斜背,其他的一律必須側背,否則就算再名貴的高級皮包,只要一斜背,就保證可以把出產皮包的那家名店給氣個半死。而偏偏我國女士有不少就是愛斜背,所以有外籍朋友開玩笑地說,要分辨一位女士由何處來是很容易的,側背者不見得猜得出來,但是斜背者百分之百來自台灣。

☆高跟鞋

高跟鞋也好，低跟鞋也罷，走路時千萬不可以用拖的，本來清脆悅耳的喀喀聲只會變成啪啪的噪音與令人不忍直視的醜陋姿態。

☆隨時注意姿勢、髮型

彎腰駝背、蓬頭垢面、妝沒化好、頭髮沒梳理好，再美的女性只要犯了上述任何一項，就足以讓人倒盡胃口了。

☆穿裙裝時

穿裙裝時絲襪、褲襪不可少，有穿沒穿給人視覺上的感覺差距很大。這也是為什麼在第二次世界大戰絲襪缺貨時，歐美女性會彼此互相以黑筆在腿上畫上假絲襪之中間線，讓人遠看時會誤以為她們已穿上肉色的絲襪。

孩子怎麼穿？

西洋國家不但重視個人的穿著，視為禮儀之基本體現，連兒童亦然。雖然說兒童在經濟方面尚未獨立，服裝均由父母親代為選購，但由此也可以表現出雙親的品味以及對禮儀認知的程度。

正式場合

有些場合如上教堂、家族聚會、婚禮、學校親子會等，兒童均可參加，此時父母與兒童齊聚一堂；共同度過一段美好的時光，而這種場合也正是兒童進入社交之始，有許多正確的觀念與做法，都在這種情形下自然而然地灌輸到他們幼小的心靈中，而由兒童的穿著與表現上，也可以看得出他們家庭教育的程度與成果。

☆遵守聚會禮儀

在出發參加聚會之前，父母親必須確定兒童了解並能遵守聚會上的規定，如不可哭鬧、和其他兒童友善相處、尊敬長者、該保持肅靜時就安靜下來等，如果沒有把握，就應該把他留在家裡！

☆服裝方面

服裝以配合場合為原則，參加婚禮、上教堂等，一定要穿著正式服裝，男孩可穿西裝、打領結，夏天可穿西裝短褲、長筒襪、皮鞋。女孩

則以連身洋裝、髮帶束髮、皮鞋、長襪爲主。兄弟姊妹的服裝可以同一款式、同一色調，整齊可愛，人人會一見喜愛，當然頭髮、指甲等也要配合得乾淨清潔才是。

休閒場合

如海濱、森林、烤肉遊樂場等休閒場所，兒童服裝以方便、舒適、保暖爲原則。兒童的活動量大，如果穿著不適合，則可能影響他們的活動力且不舒適，此時可以穿著兩件式休閒服，或是連身小牛仔褲等。在衣服的圖案上也以可愛的卡通人物、動物等爲主，若再襯以鮮豔、亮麗的顏色，則可以讓兒童看起來活潑有趣、生意盎然。

適度控制兒童嬉戲

兒童嬉戲、喧嘩是他們天性的發揮，打打鬧鬧在所難免，但必須加以說明解釋，並適度控制。如在有危險的地方不可做危險的動作，例如：

◎游泳池中假裝溺水呼救。

◎把其他兒童推倒或推進游泳池中。

◎一直霸佔著某一項遊戲設施，不肯和別的兒童輪流玩。

◎在室內大聲叫嚷、奔跑、亂丟物品等。

Tip 孩童應有禮儀。

　　對長輩（對陌生人也一樣）的基本禮儀、措詞用語等都必須注意，不可隨便。有些人以為：「小孩子嘛！為什麼要把他們弄成『小大人』呢？」豈知這是十分錯誤的觀念。如果他們從小就能學習、了解社會成員彼此基本互動的禮儀，也不會等長大後積惡習劣癖而難改，因為個人在舉手投足之間，正足以向其他人顯示其教育程度之總體表現（其中包括學校教育、家庭教育以及社會教育），而極可能讓個人的人際關係因此有所助益加分或成為負數減分。兒童禮儀教育事關重大、影響深遠，千萬不可小覷！

特殊場合怎麼穿？

　　以上所述為一般日常之聚會、集會場合，但是有些特殊場合則必須穿著特殊的服裝方才得體。西洋人有一個人皆守之的習慣：在什麼樣的場合，就應穿什麼樣的服裝。穿或不穿都有一定的規矩，若是有人服裝不妥當的話，其他人不但會露出驚訝的眼神，亦不屑與其交談。我國同胞有些人則缺乏此一認知，經常穿得隨隨便便、馬馬虎虎，這些都是會被人輕視的。

喪禮

　　西洋喪禮多簡單隆重、莊嚴肅穆。所有參與者大多穿著黑色或深色之正式服裝，男士深色西裝領帶，女士深色套裝、裙裝，有些還戴帽子、黑紗覆面以表哀慟，唯一例外的可能只有神父、牧師了。

婚禮

　　婚禮場合熱鬧歡娛，參與者一定會穿上既正式又華麗的服裝，女士尤其刻意濃妝豔抹，打扮得花枝招展，彼此爭奇鬥豔，互別苗頭。連配戴的首飾配件、陽傘、女帽等，也極盡炫耀之能事。男士則維持西裝領帶，但可以穿著淺色西裝或是小禮服、禮帽。

游泳池

前往池畔游泳時務必著泳裝，什麼款式均無妨，但一定要是泳裝才行。不可穿著短褲、T恤等即入池，這樣會引起他人側目，工作人員也會請其出池。游泳池畔標準服裝應是游泳衣、大毛巾、海灘鞋或戶外拖鞋（千萬別把飛機上發的免費拖鞋或是室內薄底拖鞋穿去池畔，如果沒有像樣的拖鞋，打赤腳亦可），外加太陽眼鏡。女士可以再加一件寬鬆的外衫，以免臨時前往他處時會太暴露及不雅觀。

劇場

既然是社交場合，服裝打扮自然不能馬虎，男士西裝領帶是標準制服，外加擦得雪亮的皮鞋和梳理整潔的頭髮。女士們則是豪華套裝、長裙、小禮服，外加披肩、皮包，再加上刻意搭配的高跟鞋，閃閃發光的項鍊、耳環、手鐲、戒指等，把人裝扮得燦爛耀眼。所以有人說，去劇院的女人其實看戲是次要目的，主要目的則是把漂亮的衣服穿去亮相，爭奇鬥豔，互別苗頭。

三溫暖

使用三溫暖時必須了解相關規定，如有些地區規定必須著泳裝；有些則不准穿任何衣物，只可以浴巾遮掩。有些是男女分室不可混浴；有些地方則淋浴、泡澡以及蒸氣室、休息室、紫外線室一律男女共用，而且

還是裸體的狀態。在德國、北歐諸國，全家人向來是一起共浴，他們認為洗三溫暖是一件非常健康、自然的事情，人類裸露身體並不可恥，洗三溫暖沒有遮掩的必要。所以常看見一家老小高高興興一起洗三溫暖共享天倫之樂，此時如果有人身在其中卻含羞帶怯、手足無措，反而會令在場的人感到驚訝。因此，入境隨俗吧！

健身房

　　健身房既是運動場所，當然應穿著運動服，可以穿T恤、長褲、短褲均可，運動鞋（運動襪可別忘了穿，也別穿了一雙球鞋，裡面卻是一雙黑色的襪子）。

　　女士可以穿T恤、長褲、束髮帶（以免長髮披散）、防汗腕帶。千萬別僅穿了拖鞋，或臨時起意，打了赤腳就去。

夜總會

　　在夜總會男士仍應是西裝革履，但是可以配上較花俏的領帶和絲質襯衫等，讓自己看來比上班時亮麗、時髦些。女士則盛裝打扮，有人說「夜晚是屬於女人的」，沒錯，一般上班族婦女，在晚上的打扮可以和白天上班時的裝扮判若兩人，不但彩妝濃了，香水也更具誘惑力了，髮型做了很大的變化，搭配的首飾、皮包也完全不一樣了，再加上豔麗的華服，足以讓人眼睛為之一亮。不但如此，夜晚的女士，連說話的聲

調、舉手投足、言談輦笑之際，也顯得嬌媚了許多，變化之大，常讓熟識的男士也為之驚訝而神往。

賭場

　　賭場一般不准服裝不整、嗑藥、酒醉者進入。歐洲賭場規定嚴格，必須襯衫、領帶才算合格，若沒有帶也可以用租的，不過租金一般都不便宜。美洲賭場則規定較鬆，如拉斯維加斯和加拿大的賭場，只要是服裝整齊均得入場，但是拖鞋、背心、短褲，以及服裝太暴露者，還是會被要求更衣或是以外套遮掩，方才得以進入。

▲世界各地仍有不少地方居民仍習慣穿著當地傳統服裝。

Part 2

怎樣吃不失禮

　　「民以食為天」，我國人民向來重視飲食，而中華料理在國外也享譽多年，許多外國朋友只有在非常重要的日子才會吃一頓中國菜，因為中國菜一般而言均所費不貲，並非是人人吃得起的！雖然用的餐是中國菜式，進餐的禮儀與習慣可就得入境隨俗了。

Chapter. 怎樣吃不失禮

自助餐會(Buffet)是現在非常流行的宴會方式,客人可以隨心所欲,依照個人的口味與嗜好,挑選美食與飲料,依照個人的食量斟酌菜量,可謂相當方便又不致浪費,而主人在費心準備菜色時也可以比較不用太傷神,深怕顧此失彼,讓與會的賓客心中不舒服……

正式餐會的禮儀

進入餐廳

不論是否已有訂位,在到達餐廳等待區時,必須先告訴帶位人員總共有幾位,是否有預定等,在帶位人員帶領下依序進入,千萬不可自行闖入,隨便就座,如此不但會給人粗魯無禮的感覺,並很有可能被服務人員請出餐廳外,十分難堪。

進入餐廳後,必須依「**殘障人士→孕婦→長者→女士→男士**」的順序入座。如果沒有服務生協助就座,男士應該主動為女士拉出座椅,待女士坐下來後,才可以回到自己的座位坐下,一切動作自然優雅、毫不造作,女士們則樂於讓男士有服務的機會,在國外從來不曾看見女士自己拉出座椅就座的。

餐桌座位

　　正式餐會多會在桌面上擺上人名牌，必須依指定座位入座。原則上以主人位為至尊，其次則是依主人的右手邊、左手邊等表示尊卑順序，離主人愈近，則表示此次愈受主人的重視。而敬陪末座者，多是和主人距離最遠者。所以外國人餐會時，誰是主客、誰是陪客，一目了然，絕對不會弄錯。如國內聚會時彼此謙讓、推辭的情形是不會發生的。

自助式餐會

　　如果採自助式餐會，則在取菜時必須注意原則上由取盤處開始依序順時鐘前進，先取用沙拉、開胃小菜等，再取用配湯，之後取主食與酒類，最後是甜點、咖啡、茶及飯後甜點等。取菜時最好酌量、分類取用，如取用海鮮時，避免同時又取肉類等，放在同盤內會十分刺眼且混淆味道，最好用其他蔬菜等配菜來搭配使用。

主人致詞

　　如果是正式的餐會，則在開始用餐時，主人多會用湯匙輕敲酒杯，表示有人要說話請大家安靜，待大家安靜下來後，主人會致詞歡迎大家的光臨，再介紹重要來賓後，會請大廚師（Chef）出場，為大家介紹各種菜色，之後才開始用餐。

酌量取用

若在餐桌上輪流傳遞取菜則必須注意：由主人開始順序取用，菜量由於用餐人數早已確定，務必酌量取用，如生蠔、乳鴿等也只可一次取一份，避免後面的人面對空盤無菜可取時，十分尷尬。所有人取菜之後，必須待主人開動，其他人才可跟進用餐。而用餐開始前，多半還會有舉杯敬酒的習慣，所以，別急著開動吧！

謝飯禱告

在猶太教、基督教及天主教國家，在用第一道菜之前會有謝飯禱告，此時必須低頭閉眼保持安靜，最後與眾人同說：「阿門！」後才結束禱告，開始用餐。

注意姿勢

用餐時必須注意姿勢，手臂不可太張開而妨礙鄰座，用刀切肉最好切一塊吃一塊，不要切得滿盤子堆滿了肉塊，不太好看。但是兒童例外，可由父母幫他全部切好，再一塊一塊吃。

如何用刀叉

　　一般來說，歐洲人進餐時雙手分持刀叉，左叉右刀，切食使用。而美國人常常切好食物後，再把左手的叉子交給右手，再用右手進餐，所以歐洲人喜歡嘲諷美國人不會用刀叉！

拭去口紅

　　女士用餐前最好用紙巾（不可用餐巾）拭去口紅，以免餐具留口紅唇痕，咀嚼食物必須閉口，並避免發出聲音。若有餐具掉落則可請服務生換新的來，不可用餐巾加以擦拭後再使用。

洗指碗

　　一般用完生蠔、龍蝦、蝸牛等較為油腥的食物後，多會附上洗指碗以便洗手指。為避免混淆起見，多會在洗指碗內放一朵小鮮花、飾物等加以裝飾區別，若有人不幸把它當成飲用水一飲而盡，如此驚人之舉，保證技驚全場！

喝湯

　　喝湯時，若盤碗的底層湯汁不易喝掉，可以傾斜方式取用，若是小型湯碗則可以拿起來飲用，但底下之湯盤則不可離桌。湯匙舀湯時眾人已

知應由內往外舀（非常彆扭的方式），若湯汁極佳，亦可用手撕麵包沾了湯汁吃得乾乾淨淨，不算失禮。

吃水果

水果必須用刀切塊後，再用叉取用。香蕉則須切段取用，不可直接用口咬食，十分不雅（女士尤其必須注意）；果核則應輕吐在叉子或湯匙中再倒入餐盤內，直接由口中吐在盤中則十分不妥。

敬酒

敬酒時必須先由自己身邊的女性敬起，再依序漸敬漸遠。不可一下子東敬、一下子西敬，非常不禮貌。女性一般不主動向人敬酒，有人敬酒時可以果汁代替，還有國外正式場合中並無乾杯、灌酒、拚酒等習慣。

餐廳內不可妄做的舉動

◎用力拍打溼紙巾，驚擾他人。這一點在國內非常可怕，居然有許多人不了解這麼做是十分粗魯無禮，顯得相當沒有教養。

◎口中飽含食物，卻仍高談闊論。

◎抓頭搔癢、挖耳摸鼻、化妝、擦粉、補口紅。說到女性在公共場所擦粉、補口紅，一般正當婦女是不在公共場合來這套的，所以若有人這

麼做，不是她無知，就是故意向在場男士搔首弄姿，暗示等人來搭訕，否則就是特種營業女郎才會有舉止。

◎玩弄、敲打餐具，拿餐巾在指尖上旋轉。

◎在公用食物盤中挑三揀四，尋找自己喜愛的部分，好像在垃圾桶中尋寶一般。

◎在公用食物盤旁等待取菜時，絕對不要高聲談笑、口沫橫飛，污染菜餚，不但不衛生，也非常失禮。

雞尾酒會的禮儀

雞尾酒會（Cocktail Party）又稱酒會（Reception），為目前全世界社交活動中頗為風行的一種方式，其目的多是為了慶祝節慶，如國慶、忘年會，或展覽開幕、重大消息發佈、公司行號開張等等，是一種在時間與花費兩方面均較經濟的方式慶祝之聚會，時間多為下午四點至七點之間，在會場停留的時間也悉聽尊便，非常符合解決現代工商社會中，時間難掌握控制的困擾。有些雞尾酒會之後緊接著又有正式餐會舉行，如此一來，可以給一些無法參加耗時較長餐會的來賓，也有參與的機會。

☆餐飲內容

雞尾酒會的餐飲內容較為簡單，多以小點心，如餅乾、蛋糕、小肉捲、乳酪、魚子醬三明治等小巧、易取又不沾手的食物為主，讓客人可以一面拿著食物和飲料，一面與他人交談。

☆宜注意的進食禮節

用完的牙籤、餐巾紙可放在盤中，再置於空桌上即可，空酒杯亦如此，自然會有人收走。

☆雞尾酒會服裝

酒會服裝多以上班服裝為宜，因為大多數的酒會都在上班時間舉行，所以男士以整套西裝配上襯衫、領帶即可。女士則以上班服，如上衣加

上窄裙，或是所謂雞尾酒裝均可，也就是長褲的套裝，不過畢竟不是晚宴，所以在其他飾品、彩妝搭配上，也不必太刻意強調。

☆以社交為主旨

　　雞尾酒會以社交爲主，所以應盡量主動與在場所有人寒暄、交談，增進人際關係。但交談時間一般並不長，所以內容以一般禮貌性的交談即可，不宜和某些人一直談個沒完，如此一方面讓別人失去認識其他賓客的機會，一方面也把自己陷在小框框裡，失去了酒會社交的意義。如眞的想和某人多談一些，可以在酒會後或者日後再敘。

 生蠔怎麼吃。

　　愈來愈多的人喜歡吃生蠔，正式的宴會上，如果沒有擺著一大盤美麗漂亮的生蠔，不但主人臉上無光，賓客恐怕也會私下抱怨呢！吃生蠔有季節性，否則不但味道不對，也有可能中毒。一般來說，一年十二個月只有在名字有「R」字母的月份才可以吃生蠔，所以五、六、七、八這四個月份都是不可吃生蠔的。據悉這是因為蠔類在每年五、六月產卵，本身味道會變異，七、八月則因天氣炎熱，海鮮容易變質，所以才有如此一說。

　　在美、加等國某些沿海地區准許一般人撿拾生蠔，但必須先向政府買一張許可證，然後利用退潮時間，在礁石縫間搜尋，除非運氣極差，大都可撿到定額的數目（一個人約為八隻）。在撿生蠔的同時，還可以把螃蟹籠扔入海中，運氣好的話，還可以順便帶幾隻肥美的大螃蟹回家清蒸呢！手拿鮮美的大生蠔，上面灑上一些配料，然後一口而盡，之後再啜一口冰鎮的白葡萄酒，吃過的人保證是齒頰留香，讚不絕口。法國人尤其趨之若鶩，每次都是一打一打地吃，吃得是意氣風發、紅光滿面。飲料方面則雞尾酒、果汁、啤酒、葡萄酒、烈酒應有盡有，客人可以到飲料處或吧檯自行取用，亦可請托盤侍者代你取來。

雞尾酒的起源 Knowledge

　　美國被公認是雞尾酒的發源地。據說在公元一七九五年時，美國紐奧良的一位藥店老闆發明了一種在酒精飲料中，加入蛋黃的混合酒，而當地法裔居民稱之為Cocktail（意為蛋酒），但是由於讀音的關係，日久就變成了英文的Cocktail了。

　　還有人說是在美國獨立戰爭時，有一次美軍打了勝仗，有一酒店以各種五顏六色的酒，調製出美觀又芳香的酒以犒賞士兵，眾人皆讚不絕口，而這家酒店剛好又是以彩色公雞當作該店的招牌，從此以後即把這種混合酒稱為雞尾酒。

　　無論傳說如何，雞尾酒之廣受歡迎已是不爭的事實，以其清涼爽口，酒精含量又可以控制，所以不論各人酒量如何均可自由選擇，其鮮豔的色彩以及附屬小巧可愛的裝飾，更是女士的最愛。所以有人說雞尾酒不但是用來喝的，光是把酒欣賞也是一件相當愉快的事。

　　一般雞尾酒多以琴酒（Gin）、威士忌（Whiskey）、白蘭地（Brandy）、伏特加（Vodka）、苦艾酒（Vermouth）等為基酒，再配以補品、可樂、檸檬汁以及可食用的色素等調和而成。比較受歡迎的有血腥瑪莉（Bloody Mary）、馬丁（Martini）、曼哈頓（Manhattan）等。

家庭聚會的禮儀

歐美國家的社交生活，家庭聚會是非常普遍的，不論是政府官員、大型公司企業的主管，甚至於一般的升斗小民，在長大成人後，都有相當多的經驗在家庭聚會中當客人或是主人。尤其是社交活動頻繁的美、加以及紐、澳地區，更是經常舉行。而英國則因民風較保守，多以下午茶的方式代替家庭聚會或是酒會。舉辦家庭聚會的名堂很多，初生嬰兒滿月聚會（Baby shower）、子女大學畢業、結婚典禮後的餐會、親友中有人升官、有人痊癒出院、有人即將奉派出國（或是返國），甚至只是單純的「好久不見」，都是聚會的好理由。

所以聚會的目的一方面是親朋好友共聚一堂，為了某一個或是幾個目的而共同慶祝，另一方面也藉著集會之便，讓大家彼此敘敘舊，增進情感，當然認識新的朋友也是非常重要的功能，有不少大型企業就是藉著這種比較親切且不拘形式的方式擴展公司的人際關係，再從中製造更多的生意機會，相當聰明。

另外就是單身人士，不論未婚或再婚，均可在家庭聚會中抓住機會，充實空虛的感情生活，不過據說有不少家庭中被第三者入侵、外遇等也因此產生，有關這一點，不少好萊塢的電影中均可看見精彩的鏡頭。

參加家庭聚會的注意事項：

☆服裝

　　一般聚會都會註明時間、地點、目的、聚會的結束時間以及服裝。譬如說婚禮以及正式的聚會，大家一定穿著正式服裝，連兒童也不例外。如果說是受邀前去烤肉、游泳等休閒式的聚會，則應穿著得體的休閒服裝，要知道，在輕鬆的場合穿著正式服裝，和在正式場合穿休閒服裝一樣會讓人尷尬，尤其是應邀前往觀賞球賽轉播的家庭聚會。去為某一支球隊加油時，最好能穿上與該球隊相同顏色的服裝，表示是該隊的支持者，否則若穿著一件與敵隊同色系的衣服，一定會令人坐立難安。

　　有一次，我應邀參加紐西蘭駐台副代表舉行的家庭聚會，觀賞紐西蘭國家橄欖球代表隊「全黑隊（All Blacks）」與英格蘭國家代表隊之戰。邀請信上註明一般休閒服，但沒有註明顏色，所以，我穿了一件鮮紅色的上衣前往。主人夫婦前來應門迎接時驚訝的眼神讓我心中生疑，待進入客廳內只見一片黑壓壓，眾人皆黑我獨紅，才恍然大悟。於是連忙主動向眾人解釋：我從小就是All Blacks隊的球迷，他們是全世界最偉大的球隊，並且舉了「球隊射門員是罕見的天才」、「隊長Lomu是擋不住的坦克」等例，才讓大家稍稍釋懷，直到後來球賽開始進行時，我鼓掌比別人更賣力，叫好聲比他們更大，才解除了他們對我的懷疑。

　　不過，也幸好英格蘭隊穿的是白色制服，更幸運的是紐西蘭隊贏了！我心想，若是紐西蘭隊輸球，我不就成了聚會中的掃把星？真是好險！

▲到世界各地旅遊，必須深切了解當地風俗民情，才不至於失禮，出了洋相！

☆抵達時間

　　家庭聚會對於時間並沒有特別嚴格要求，一般多是在聚會開始的一個小時內陸續抵達均算合情，若可能遲到，最好先以電話通知主人會比較禮貌。

☆禮物

　　前往別人家中做客，最好是攜帶一份禮物比較得體，至於禮物的內容則依聚會的目的而有所不同。如是初生嬰兒聚會，則一般人多會贈送嬰兒相關物品，如毛毯、嬰兒衣服等表達祝賀之意；如遇婚禮或節日，則

必須花點心思，西洋人十分重視禮物，又喜歡當面拆禮物，如果別人所送的禮物不是心中所喜愛的，主人雖然仍會很客氣地說：「啊！這正是我們非常需要的，眞是謝謝你！」但在聚會結束後，心裡一定不舒服。

所以若是眞的不知道送什麼才好時，可以大方地先以電話詢問，不用不好意思，這一點與我們東方送禮文化有相當大的差異，不可不知。至於一般的酒會或比較不正式的聚會，則不妨帶一瓶葡萄酒或其他烈酒，當然，一般主人是不會當晚打開讓大家品嚐的，因爲他們早已準備了足夠的飲料。如果不送酒，則一束漂亮的鮮花或是一盒包裝精美的巧克力，也是相當受歡迎的，而且不論是何種聚會，送鮮花都絕對不會錯。

☆介紹

在介紹賓客時就可以看出尊卑高低了，習慣上都是介紹男賓給女賓，這並不是表示該名女賓的社會地位比較高，而是傳統西方社會尊重女性的影響使然；年輕者先介紹給年長者；地位低的先介紹給地位高者；沒有官銜或是平民先介紹給有官銜及有貴族頭銜的客人。

☆握手

介紹時若爲一男一女，則男方一定要等女士先伸出手才可以握手，不可像與其他男士握手一樣用力，也不可以握得太久而不放，當然也不必用雙手來表達自己的熱忱與謙卑。互換名片時只須用一手，不必像日本及我國一樣用雙手奉上才算禮貌。拿名片給人時也是依介紹的尊卑方式，由位低者先奉上名片爲佳，收到對方名片後千萬不可隨手放入口袋

中，引起對方的不悅，最好是先當面仔細端詳一會兒，再放入自己的名片匣中比較正式。如果自己剛好沒有帶名片，或是剛巧用完了，則一定要在收受對方名片時當面表達歉意，並言明日後一定補上，如果日後眞的補上則不算失禮。

☆稱呼

　　介紹完畢後可以依主人介紹時之稱呼來互相稱呼，如史密斯先生、克來小姐等等。歐美人士都是把教名放在前，而姓放在後，我們稱呼時必須以Mr.或Ms.等後接其姓加以稱呼，正如國內的張先生、李小姐一樣，千萬不可以用名來稱呼。例如：美國國父喬治‧華盛頓，就必須稱他爲華盛頓先生，從來沒有人叫他喬治先生，除非你是黑奴。據說只有家中有蓄奴者才規定奴隸一律以名加先生、小姐稱呼。除非是對方主動要你以名字稱呼他表示親近，否則就太失禮，如果一名女士主動要求你以名字來叫她，則表示她對你有極佳的好感，也可以視爲一種意圖與你爲友的暗示，男士千萬別聽不出弦外之音才是。

☆忘記姓名

　　如果客人太多無法記住對方姓名時，你可以大大方方地再問他一次，但是僅以兩次爲上限，否則就是相當不禮貌了。

☆自我介紹

如果在聚會中你想認識某一位在場人士,而主人又沒有替你們介紹時,則不妨找一位認識對方的人,當做你們的橋樑,幫你們介紹,若自己走過去主動掏名片會顯得太突兀,當然,如果你是一名推銷員則又另當別論了。

☆交談

所有參加聚會的賓客都有一種天職,就是盡可能與到場的所有人都交談。那些只顧與自己認識者一直從頭談到尾的人,都不是稱職的客人。一個好的主人是不會讓某一個客人獨自枯坐無人搭理的,如果有這種情形,你又自認是主人的朋友,那就不用客氣,主動過去搭訕吧!至於交談的內容也以大家都聽得懂,及有興趣幽默的為宜,譬如說自己家鄉的風俗人情、有趣的事情等,用詞不妨輕鬆詼諧,可以讓他人融入話題發表己見。談話主題一般忌諱政治,因為一個團體裡面一定有政治立場不同者,所以應該避免,如果不幸有人捲了進去,氣氛已開始不太愉快時,最好有人能岔開話題,大家都會感激他的。談話內容也不談辦公室的事,除非大家都是同一公司的人,談談體育也是不錯的話題,不過要避免抬槓,以免別人懷恨在心,這麼一來,你來認識新朋友的目的可能就會打折扣了。

☆離席技巧

如果你覺得談話的內容很無聊，也不可貿然離開，可藉上洗手間或是去添加飲料等方式脫身，這樣比較不太明顯。比較麻煩的是只有兩、三個人時就不易轉走了，這時不妨藉口大哥大在振動，或呼叫器要你回電等方式為之，當然你也可以大大方方向其他人說，今天你奉了主人之命必須當一名交際花（或交際草），所以不得不再去接待其他賓客等等。另外必須要注意的是，在與人交談時千萬不可目光游移不定，像雷達一樣地搜索全場，這樣會給對方一種你在伺機脫離，或是你不喜歡與對方交談的訊號。還有，任何人都不喜歡一直打斷自己說話的人，切記！

☆道別

聚會結束時，主人一般會在門口握手相送。客人真心感謝受邀之餘，除了稱讚聚會成功外，並可表示他日後會有期，下回必定當家做主，回請一番等等。

若門口有簽名簿，你也不妨留下感言以示謝意，走出門外後則最好低聲互道珍重，避免高聲喧嘩。除非，你希望主人家的左鄰右舍從此以後把這一家人恨之入骨。

☆致謝

聚會後的隔天或隔一兩天，不妨以卡片或是電話向主人再度致謝，一方面表示自己的禮貌，另一方面也讓主人加深對你的印象：這是一位受歡迎的客人！

自助餐會的禮儀

　　自助餐會（Buffet）是現在非常流行的宴會方式，客人可以隨心所欲，依照個人的口味與嗜好，挑選美食與飲料，依照個人的食量斟酌菜量，可謂相當方便又不致浪費，而主人在費心準備菜色時也可以比較不用太傷神，深怕顧此失彼，讓與會的賓客心中不舒服。

　　既然名之為「自助餐」，當然服務人員也不必像正式宴會這麼多了，他們只須負責餐檯上之食物不虞匱乏、賓客使用過的餐具適時收走即可。而另一項好處就是自助餐會一般沒有固定的座位，所以可以讓與會者自由認識交談。在拿飲料、取餐食時，又常有彼此互動的機會，充分發揮社交的功能。下面是應注意事項：

☆座位

　　進入會場後，首先應找到座位，而不要先急著找尋餐檯在哪裡，雖說沒有固定的座位，但是有時仍會為主人及貴賓留下部份保留座位備用，此時最好別逕自坐下，不可把放有「Reserved」牌子的餐桌隨便移開，如此會造成主人困擾。隨身物品放妥後，前往取餐時，請將餐巾打開放在椅子上或椅子扶手上，表示此座位已有人坐了。

☆取餐

　　先觀察一下餐檯採用單排還是雙排，如果是雙排則一定會有雙排的配套，如雙份餐具、雙排菜餚等，此時可依序排隊取用。習慣上第一回取

用沙拉、熱湯等當做前餐，配以麵包、乳酪等。第二回取主菜如肉類、魚類、海鮮類等，要記住一次拿一種，不要混在同一盤中，如此一來不但味道會彼此影響，而且看起來也不太好看。還有，一次不要拿太多，即使是想幫同桌的人一次拿足夠也是不妥的，如此也失去了自助餐的「自助」意義了，不是嗎？最後拿甜點、水果等，然後是咖啡、茶等餐後飲料，至於飲料則一般都由服務人員拿來，或者在餐檯旁有附設飲料吧，可自行前往取用。依序取餐外，在取餐時盡量避免把食物掉在餐檯上，湯汁灑在湯碗外。湯杓用完不要放在湯中，以免下一個人用時會燙手。明蝦、生蠔等請酌量取用，請幫後面苦苦排隊的人設想一下。若食物即將用罄時，可告知服務人員補充之。如遇兒童、婦女掀蓋不易時，不妨適時出手協助之。

☆餐具

不論是餐碟、湯盤或是飲料杯等，使用過後可留在自己的餐桌上，以便服務人員收走。每取一道餐則應換用新的盤子，千萬不要拿著髒兮兮的餐盤去取第二道、第三道餐，如此保證會讓其他排隊的人倒足胃口。

☆離座

離座時必須對其他在座的人說：「對不起！」（Excuse me）然後起身把餐巾放在椅子上（注意不是桌子上，以免被誤認是已用完餐離席了），再去取用餐點。

☆用餐

　　同桌用餐者並不一定相識，不妨主動自我介紹以示友善，談話也以輕鬆、幽默之話題較爲妥當，在輕鬆的氣氛下多開拓自己的人際關係。用餐的速度雖然沒有規定，但最好別與同桌的其他人差距太大才是。

▲在舉世聞名的德國啤酒屋裡用餐，絕對是在國內無法體會的用餐樂趣。

◀北歐當地著名的鮭魚大餐，以不同的方式烹調處理，非常有特色。

下午茶的禮儀

英國人以前並不懂得喝茶，據說由十七世紀開始，英國東印度公司在亞洲靠著大英帝國的堅船利砲撐腰下，壟斷了整個亞洲大部分地區的經濟與貿易後，自然而然，也把原本屬於亞洲人民日常飲用的茶葉引進了英國。從此以後，不但只要有英國人的地方就有英國茶，而且也由於霸權的擴張，使得英國茶與法國咖啡齊名於世。

事實上，英國本身由於緯度過高，並不產茶，其所飲用的茶多來自印度北部山區，尤其是大吉嶺一帶以及斯里蘭卡（前名錫蘭，即錫蘭紅茶的產地）兩地所產的茶葉，而這兩地所生產的茶為紅茶，這也與我國及韓、日等日常飲用的綠茶大不相同，而紅茶的飲用方式，也與亞洲地區的茶道、品茗大相逕庭、各異其趣。

一般喝英國茶共有兩次，一次是用早餐時一併飲用的(但是並不叫做上午茶)，另外，則就是名滿天下的下午茶了。英國地處溫帶，冬季十分漫長而寒冷，下午茶據說是在公元一八四〇年左右開始蔚然成風，及於全國然後全球，其起源並不可考，但是極可能與當地特殊的氣候有關。在工作了大半天後，如果能喝杯熱茶、吃一點餅乾或小點心等，再重新出發工作，不是一件愜意的事嗎？據說下午茶開始流行是起自中下階級的勞工團體，而下午茶又有一種叫High Tea的，又不太相同，雖說喝茶時間也是在四、五點左右，但是內容豐富許多，除了餅乾、點心外，尚有沙拉、乳酪、肉捲、火腿、魚等，非常豐富，而飲茶時間也比

一般下午茶的十幾二十分鐘長了許多，多半喝了High Tea以後，晚餐大概也可以省下來了。

英國人很少邀人到自己家中做客，但與友人共飲下午茶則屬常見。而茶館也如英國的Pub一樣，不同階層、不同職業的人各有各的去處，很少故意亂跑，否則一入內就會引人側目、渾身不自在。

天氣好的時候，茶館會把座椅移至室外花園中，一方面天南地北地閒聊，一方面享受鳥語花香及美味紅茶，實乃人生一大樂事。但如果是應邀至友人家中喝下午茶，則又另當別論，不但服裝必須正式（這是英國的正式社交場合之一），而且不可自己斟茶，一定要由女主人來替客人服務，因為這是女主人的權利與光榮，不可奪其丰采，否則必遭忌恨。

下午茶所使用的茶具也十分講究，不是達爾文家族企業Wedgewood的話，也一定是極其精美的高級瓷器，再配以純銀的小湯匙、小叉子等，均給人賞心悅目的感覺。據說，一個英國人即便再貧窮，家中也一定拿得出一整套相當體面的茶具，當然，如果這套茶具是有歷史的骨董，那就更可令主人話說當年了。英國皇室日漸式微，早已不具任何的政治影響力，但女王仍為一般百姓的精神領袖。女王親民的方式之一，就是定期邀請倫敦市民共飲下午茶，這些市民事先都被挑選過，各行各業均有，而且很早就被通知準備赴會，能夠被邀請的人無不感到光宗耀祖、興奮莫名，老早就準備好了全套禮服，等待這一天的來臨。在白金漢宮的草坪上，女王將親自與這一大群她的子民共飲下午茶，握手寒暄、閒話家常並合影留念，而市民們喝完皇家下午茶後，無不被羨慕的

親友包圍詢問細節，言者光榮，聞者亦樂。如果有一天下午三點左右，你看到三五成群的人們身著大禮服（頭戴大禮帽）大步走向皇宮，不時對經過的行人投以驕傲的眼神的，準是這一批人沒錯。

紅茶趣談　　Knowledge

　　我們都知道茶是中國人發明的，後來才分別由陸路及海路傳往世界各地。而無論是哪一國，茶不是叫Chah—茶的國語發音，就一定是叫Tea—茶的閩南語發音。所以蒙古、俄國以及中亞一帶均稱茶為Chah；而由福建出口至日本、印度、歐洲各國的茶則叫Tea，十分有趣。

　　茶本來只有綠茶，也就是一般國家所謂的Chinese Tea，後來據說有一次中國運茶船前往英國途中，因為天氣潮溼高溫而發酵，英國人一試之下覺得口感更佳，從此以後就全部改喝發酵茶了。製茶技術幾經改進，終於產生了目前香濃醇厚的紅茶。公元一八三八年，英國人班克斯在印度的阿薩姆省發現了印度的原生茶樹，因此立刻大量推廣種植，而如今印度已是全世界最大的紅茶產地了。印度紅茶不但產量大，茶中極品大吉嶺茶也是產在印度，大吉嶺位於喜瑪拉雅山山麓，氣候溫和，溫度、溼度均非常理想，在此地某些茶園所產之茶均世界馳名，因為不但是茶的樹種好，取茶也只取茶心附近的四片茶葉，再以純熟的技術烘焙而成。別說喝了，就是放在舌頭上品茗，也可感到清香襲人，誠可謂人間極品。至於其他部分的茶葉亦可製成次等紅茶，供給一般大眾消費，而製茶過程中產生的茶末、茶屑亦不可浪費，它們正是製造茶包的基本材料，也就是電視上大做廣告xx紅茶等的產品，如果你覺得那些三流茶味已是很香醇的話，表示你對紅茶等級的了解還差得很遠呢！

咖啡——魔鬼的飲料　Knowledge

　　雖然我國自古以來是以茶為最普及飲料，但自西風東漸後，咖啡也隨著西洋文化一起進入了我們日常生活當中，尤其是上班族與年青的一代，更視咖啡為時髦與不可或缺之物。

　　據說在西元九世紀時，有一位阿拉伯的牧羊人卡爾弟發現他的羊群只要吃了一種綠色灌木的果實後，就會活蹦亂跳的精神亢奮，基於好奇，他也撾來一試，結果和羊群一樣精神百倍，後來有一位回教教士看見卡爾弟經常和羊一起手舞足蹈，追問之下決定把這項偉大的發現告訴清真寺的主持人，因為經常發生回教徒在寺內向阿拉祈禱時，因為時間過長而不自覺的睡著，甚至還打鼾，令人非常尷尬。

　　這種飲料很快就傳開了，不久阿拉伯人幾乎人手一杯了，由於回教禁酒，咖啡的出現有如神賜，於是大家就叫它：「阿拉伯之酒」。酒在阿拉伯的發音就是「咖韋」，後來傳至歐洲後就變成咖啡了。

　　公元一五八五年，威尼斯駐土耳其大使約潘尼提出咖啡報告，敘述整個阿拉伯地區均人人愛好咖啡，這種飲料具有提神的作用，報告提出的次年，威尼斯就出現了歐洲的第一家咖啡店。

　　阿拉伯的咖啡館到處林立，有些還有附設賭場及歌舞秀，宗教領袖大驚失色，判定咖啡是魔鬼的飲料，下令禁止，但是在埃及的合里發非常喜愛咖啡，公開反對這項命令，於是咖啡才得以被繼續保存並發揚光大。

餐桌上的禮儀

在國際禮儀當中，餐桌禮儀是佔著極重要的位置，因為這是我們每一個人都會有許多機會遇到的。在與其他人如此近的距離下，個人的動作舉止都會影響到其他在場的人，所以無論用餐、取物、坐姿、表情、使用刀叉的方式等，都會鉅細靡遺地映入在座者之眼簾，當然也就成為互相認識彼此、判斷個人生活教育水準的重要時機了，因此有一些基本的餐桌禮儀是不可不知的。一旦養成了良好的餐桌禮儀，不但會讓個人自信心大增，言談之間也能談笑風生、顧盼自得，同時良好的禮儀易留給他人良好的印象，對促進人際關係、開拓交友之路也是助益匪淺。

姿勢

坐姿必須隨時注意，由於餐桌一般座位與座位之間並不寬，所以手肘須向內收以免妨礙兩旁之人，縮減到他們的用餐空間。上身宜直挺，不可彎腰駝背，無論男女，一直弓著背低頭大吃總是不雅，看起來好似趴在桌上進食一般。若是能挺直腰桿（可不必像職業軍人那麼直），會給人精神狀態極佳的感覺。下半身則要注意雙腳放置的位置，盡量不要太向前，也不宜分得太開，不但鄰座看見不太好，同時如果你坐得離餐桌邊緣太遠，上半身會自然下彎，試試看把座椅向餐桌邊緣挪近一點，雙腳向內收一些，是不是上半身會自然挺了呢？由入座到離座都須保持一

貫的良好姿勢，有些人在剛入座時可能相當不錯，但是一、兩道菜用下來可就忘得一乾二淨，又變得不堪了起來，所以要隨時提醒自己。

餐巾

在我們入座時，一般餐巾都已摺疊整齊地放在座位前，入座之後、進餐開始，可以把餐巾攤開平鋪在雙腿上，其作用是在防止進餐時湯汁、食物碎屑不小心掉在腿上弄髒了衣物。如果當天的餐食有不易處理的食物，如龍蝦、烤田螺等，或是湯汁較多的食物，甚或自己並無把握時，不妨把座椅向餐桌靠近，如此你將會發現大有幫助。

有些人會將餐巾塞入領下，以求遮蓋的面積更大，但似乎只有美國人才這樣做，一般而言，只有替兒童圍餐巾或是一些動作不方便的人才會用如此的方式，成人這麼做在平常是無所謂，但在正式餐會則顯得突兀。暫時離席時應將餐巾放在椅子上，表示座位之主人仍將返回，服務人員看見就不會清理餐面，如果是用完餐離席時，才將餐巾放在桌面上。餐巾的功能除了防止食物掉落外，還可以用來擦手、擦嘴上之油污，但是不要用來擦餐具，也不可如有些無知的女士用來擦口紅。口紅應該在入座後以餐巾紙先行拭去，以免餐具上唇痕處處，不太雅觀。

ⓐ 中途離座時,可以把餐巾掛在椅背上或對折放在盤子底下。
ⓑ 把餐巾對折然後放在膝蓋上。
ⓒ 用餐結束,可隨意摺疊使用過後的餐巾,擺放在桌上。

餐具

　　不可用餐巾或是紙巾擦拭,這樣是表示餐具不清潔,有些服務人員一見此情形,會趨前來幫你再換一套。要知道把髒的餐具擺上桌是對客人的污辱,也是餐飲業的大忌。若真的發現餐具有上述情形或是杯盤有裂痕時,可示意服務人員撤去再換新的,並無不妥。

儀容

時下不但女性可以秀髮飄逸，有些較時尚的男士也有著一頭長髮。在平常倒無妨，但進餐前最好整理妥當，以免不小心頭髮一起跟著喝湯、用餐，就讓他人倒盡胃口了。

音量

在進餐時愉快交談是非常好的事情，也是社交的重要目的，但是不要大聲吼叫、喧嘩，保持適當的談話音量是必須注意的，以免妨礙他人進餐的情緒。有些高級餐廳已規定，在餐室內不可以使用大哥大，以免在場的其他客人都必須被迫聽你談論你的私事，若真的要用大哥大談話，不妨走到其他地方繼續交談。

補妝

補妝本身並無不妥，但是不可在眾目睽睽下為之，這十分失禮，應該去化妝間完成。所以西洋女性上洗手間的文雅說法是：「去洗手間補補妝」。我國女性則有些人似乎不知此項基本的禮儀。

進餐時

　　不要狼吞虎嚥，一副餓死鬼狀，既是交際場合，理應以最佳儀態用餐，若有大塊食物，也是以切一塊用一塊較得體，只有兒童才由父母親幫助他切成小塊以便食用。

套餐餐桌上的餐具配置圖例：❶湯匙 ❷前菜用刀 ❸魚用刀 ❹肉用刀 ❺裝飾盤 ❻餐巾 ❼肉用叉 ❽魚用叉 ❾前菜叉 ❿雪莉杯 ⓫紅葡萄酒杯 ⓬白葡萄酒杯 ⓭香檳杯 ⓮水杯 ⓯咖啡匙 ⓰甜點叉 ⓱甜點刀 ⓲甜點匙 ⓳菜單 ⓴麵包盤 ㉑奶油刀 ㉒奶油盒

早餐桌上的餐具配置圖例：❶咖啡杯 ❷湯匙 ❸刀 ❹裝飾盤 ❺盤子 ❻叉子 ❼餐巾 ❽果汁杯 ❾水杯 ❿奶油刀、奶油盤

與人交談

　　不可手持刀叉在空中指點、比劃；若與人交談時，必須暫停切食物和進食的動作，更不可以用刀叉指向對方，這樣非常粗魯，此時手中仍可握著刀叉，但應把雙手放在餐桌上。口中有食物時應避免說話，若此時剛巧有人對你說話，你應以手勢告知口中正有食物，然後表現出盡快將口中食物嚥下的樣子，當然也可以喝口冰水加速吞嚥。

刀叉餐具擺放位置

　　刀叉之擺放位置十分重要。用餐時若覺得此道食物已吃夠了，則可以把刀叉放在盤中表示已用完，服務人員自然會把這一道餐具收走。至於刀叉在盤中如何擺則各有不同，可以刀叉平行擺，也可以交叉擺，均無不妥，但是原則上就是刀柄與叉柄必須離開桌面，刀刃宜朝內側，叉齒宜朝下。若是仍然意猶未盡時，則可把刀叉分開置餐盤兩側，叉左刀右，雙柄接觸桌面即可，此時在旁之服務人員自然會了解同樣的菜餚你想再要一次（Second Service）。因為正式餐會所有食物都是放在一個大餐盤中，一道一道的上，覺得喜歡可以要求再多一些，只要盤中食物仍有多餘的話。當然，如果是自助餐會就沒有這個問題了。

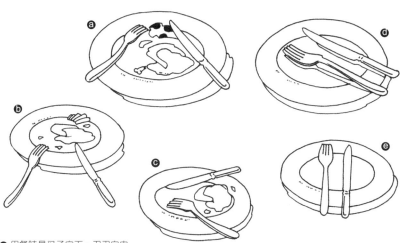

ⓐ 用餐時是叉子向下，刀刃向內
ⓑ 可使用叉子舀一點食物，不過要小心食物滑落
ⓒ 美式用餐為叉子向下置於身前的盤子上，而將刀子放在對側
ⓓ 英國式用餐結束表示，刀叉並行縱放
ⓔ 用餐結束時的排列表示方式，叉子向上、刀刃向內

喝咖啡、紅茶時

　　在咖啡、紅茶倒入杯中後，再加奶精以及糖等調味比較妥當，喝咖啡或紅茶時也應端起茶碟飲用，飲用時小湯匙放在碟上，不要放在杯中。用一手持杯一手端碟，如此可以避免彎腰飲用之不雅姿態。

舉杯互祝

　　飲酒時應舉杯互祝，除非坐得太遠，否則應碰杯為禮。若數人同時舉杯，可以交互碰杯再飲酒，據說碰杯來由是源自古希臘，他們覺得飲酒

時除了要欣賞酒之色澤、香氣、味道之外，聲音亦不可獨缺，於是以碰杯方式增加飲酒的樂趣，聽到「鏘」的一聲，更令人感到歡娛，但若是發現杯子有裂痕則將視爲不祥，必定令服務人員換杯後再碰杯互祝。

打嗝

在席間打嗝是非常不禮貌的，若真是無法控制，則可以用喝水、屏氣方式使症狀減輕，若仍無效，則最好去洗手間打個夠，等廢氣消除後再返回座位。

剔牙

剔牙也要注意，會令他人看來相當噁心，真的要吐，也請以餐巾紙掩口，吐在紙巾上。牙籤用完放在盤中即可，千萬不要口中叼著一根牙籤與人交談，狀似流氓無賴非常難看。有些人甚至用完餐後，口中仍叼著牙籤到處走動，那更是離譜的舉止。

刀叉掉落

進餐時若刀叉不小心掉落地面，只需要告知服務人員，換一具乾淨的即可，不必自行清理掉落的刀叉，更不可以用餐巾擦拭掉落的刀叉再繼續使用。

◯ 可頌麵包　Knowledge

　　法國美食世界有聞，當然法國麵包也不例外，長到可以打棒球的棒形麵包，以至香酥可口的可頌麵包均早為世人所津津樂道，其中尤其是可頌麵包，在剛出爐時香噴噴熱騰騰的，色香味俱佳，讓人不想吃也難。

　　許多人都知道可頌麵包是由麵粉、乳酪加上雞蛋調和製作而成，也知道可頌在法文中的意思就是彎彎新月狀，可是絕大多數的人都不知道可頌麵包竟然是來自奧地利的維也納，而其背後還有一段不為人知的故事。

　　西元一六八三年，位在中亞的土耳其國勢正強，急欲向歐洲方面發展，該年的夏天，二十五萬土耳其大軍在首相馬思達的率領下一路向西進攻，很快的就來到了位於多瑙河畔的維也納。驚慌失措的市民一方面團結抗敵，一方面向位在羅馬的教皇求援，以解汲汲之危。

　　土耳其大軍雖然攻勢猛烈，可是守城的軍民上下一心，奮勇抗敵死守，使土軍一直不得其門而入。土軍於是另思破城之計。住在城牆的一家麵包店師傅平日三更半夜即已起床磨麵粉製作麵包，以待清晨來臨售給顧客，有一天夜裡忽然發現地窖傳來挖掘聲，機警的他心知有異立刻向守軍稟報，結果果然發現了正在掘地道以破城的土耳其，立刻以優勢兵力殺的敵軍潰散而逃。並在眾人誓死殺敵下終於在九月時大破所犯之敵，維也納解危了。麵包師傅歡欣之餘把土耳其軍旗上的彎月製成麵包，讓人大口大口狼狼的咬，由於頗受歡迎，不久就流傳到了法國，也改名叫可頌。下一次有人問你喜不喜歡「牛角」麵包時，可別放棄糾正他的機會哦！

飲酒的禮儀

我國人民一向以善飲而自豪，自古以來無論是騷人墨客、儒生武夫，甚至販夫走卒，人人均以能飲而留名為榮，若能得個「千杯不醉」之美名，則更是為之躊躇滿志、喜不自勝，似乎已把善飲與大丈夫氣概隱隱地畫上了等號。西洋飲酒文化與我們卻是迥然不同、大異其趣。西方世界視飲酒為品酒，類似我國的品茗情趣，不但講究飲酒的器皿，如酒杯、酒壺等，飲酒的場合、氣氛也十分重視，當然飲酒禮儀方面則就更多得多了。從觀酒、嚐酒、醒酒、聞酒，甚至還有聽酒之說（香檳酒）。至於酒莊的典故、那一年份的什麼品種酒，更是一門大學問了。什麼種類的酒宜配何種菜餚、何種乳酪以及哪些配料都有一套規定。以國人對西洋食物烹調的知識水準而言，若想要徹底了解真可以說是非常艱難。以下是一些飲酒文化的基本注意事項：

酒杯

幾乎每一種酒都有適合該酒特性的酒杯，常常可以見到的就有啤酒杯、香檳酒杯、葡萄酒杯、白蘭地杯、威士忌杯、甜酒杯、雞尾酒杯等等不一而足，如果用錯酒杯則必定令人吃驚，會被認為連最基本的飲酒禮儀都不懂，相當奇怪。這情形正如看見有人拿洗手間的衛生紙，擺在餐桌上當餐巾紙一樣地粗俗（國內餐廳則屢見不鮮）。

拿酒杯的方式

　　不但酒杯的形狀各異、材質不同，連拿酒杯的方式也不一樣，譬如說拿白蘭地時，要用手掌握住杯子的下半部，利用手掌的溫度讓白蘭地酒香揮發出來，增加酒的甜美。而握紅葡萄酒杯時，則只可用手指握住杯

拿紅酒杯時正確的方式是握住杯腳

拿啤酒杯時正確的方式是握緊把手

香檳杯的正確拿法也是握住杯腳

杯子在餐具擺設上有固定位置，如果太靠近餐盤，是很容易被碰倒

拿高腳杯的時候，一般是微微握住玻璃的部分

柄部分，然後輕輕搖動杯中之酒，讓酒與空氣充分混合接觸，達到醒酒的目的，若是手掌接觸到酒杯，其溫度反而會影響葡萄酒之風味。

白葡萄酒則又另當別論，這是因為白葡萄酒在飲用前必須冷藏至某一溫度才能味道絕佳，為了保持佳釀，整瓶酒都須放在有碎冰塊的冰桶中，瓶外再加上白色餐巾，避免冰塊融化時弄溼手指，當然倒入杯中之酒不宜久置，因為室溫會漸漸影響酒之風味。怎麼樣，規矩夠多了吧？

如何點酒

一般而言，正式的餐廳一定會有兩份菜單，第一份是菜單，第二份則是酒單。點完主菜之後，侍者會將酒單送上，此時可以根據自己的喜好點飲料，如啤酒、可樂、果汁等，但這些只是幫助下嚥的飲料而已，稍微正式一點的場合多會有佐餐酒，也就是葡萄酒。

這類餐廳侍者大都經驗豐富，而且點酒又關係著他們的收入，因為眾人皆知飲料、酒類的利潤是他們額外收入的一部分（另外一部分則是小費），所以他們都會慧眼地把酒單拿給做東的主角，如果你正巧是主角，而剛好又不太會點酒時，不用緊張，面對酒單欣賞欣賞，然後轉頭看看侍者，問道：你有什麼建議呢？（What do you suggest?）這些經驗豐富的服務人員只要看你主菜點的是多少金額的菜，心裡就已經有譜了，他自然會推薦一些風味與價格均相當合宜的酒給你，相信他，他是不會害你的！

如何品酒

　　侍者從酒窖中取出葡萄酒後一定會拿到餐桌旁，雙手奉上，請主角當面檢查是否正確，什麼東西正確呢？係酒名、酒莊、年份等。檢查完畢立即當場開酒，開完後會先倒約五分之一酒杯左右的酒在主角面前，意在請你嚐嚐看味道對不對？此時須依下列步驟做方才正確：

☆是否色澤清澈亮麗

　　拿起酒杯對著燈光或窗外光亮處，看看杯中物是否色澤清澈亮麗，若是有沉澱物或顏色混濁則八成已壞掉了。

☆聞聞看

　　用鼻子就著杯口深呼吸幾下，聞聞看是不是有酒香傳出，若是傳來異味，也可以退回重新再開一瓶。

☆品嚐

　　聞酒之後一飲而盡，但不要喝下去，留酒在口腔中，體會它、感覺它，葡萄酒的甘甜香美就在此刻了。

☆完成品酒儀式

　　最後吞酒入腸，然後滿足地點點頭，說聲「Good」，也完成品酒的儀式，此時侍者會為在座的每個人斟上美酒，而主角這時反而是排在最後一個。

侍者拿來紅酒，並到入杯中

首先先觀察酒的色澤

將酒杯靠近鼻前，品味它的香氣

輕輕搖晃酒杯使紅酒和空氣能混合

最後再輕含一口，慢慢的品嚐

敬酒

　　西洋人飲酒時也常敬酒，不過只敬不乾，也不興拚酒、鬥酒那一套，與我國的飲酒文化差異相當大。敬酒時必須由自己身旁之人開始敬起，而且一樣是女士優先，先由女士敬起，然後由近而遠逐一敬酒，直至敬完全桌的每一個人為止。喝酒時只以唇碰酒杯，然後飲下少量的酒即可，不必大口大口地喝，女士或有其他原因不能飲酒的人，可以用飲料代替酒，不算失禮，而除了女主人外，女士是不可以主動敬人酒的，否則會給他人輕佻之感。

舉杯同祝

　　這種場面在電視、電影上常常可見，總是會有一人在人聲嘈雜的宴會中，以小湯匙輕輕敲打酒杯，聽到這種噹噹噹的聲音時，就表示有人要發言了，所有人均會安靜下來。此時這位仁兄可能會說：為了感謝主人的邀約，讓我們大家一起舉杯祝福主人全家健康等等，或是恭喜某人即將訂婚，或是誰才剛剛初為人父，當

▲品酒其實有著一定的規距和順序，在國外也是一門很高深的學問。

然也可以聽見：祝福女王、祝福國王等等官式的祝賀語。與人敬酒時，若距離在較近者，多以酒杯互碰，發出鏘之聲音方為得體，若距離較遠則可以點頭、舉杯方式敬酒。但是不可以隔桌敬酒，甚至如我國酒宴時大聲喧嘩、搳拳猜拳均是非常不妥的，唯一可以大聲唱歌喧囂的場所是在啤酒屋，或是Pub及酒吧內。

酌量飲酒

　　依個人的酒量適度飲酒可以助興，增加歡樂的氣氛，但注意不要飲酒過量以免失態，另外也不可強人飲酒，否則亦可能引起對方之不悅，失去了社交的意義。一般國外對飲酒過量均訂有罰則，除了許多飲酒場所外多有附設之酒精測量器，以一根吸管插入測量器中，然後深呼吸緩緩吹氣，立即可以得知自己體內的酒精含量，看看是否仍能繼續飲酒、能否開車等。

　　如果有飲酒過量的症狀出現，一般店員可以拒絕再賣酒給酒客，否則有觸法之可能，像國內常見到的酩酊大醉情形，在國外就十分罕見。如果酒後駕車更是處罰極為嚴厲，一般警察都會以現行犯處理，當場扣車、上手銬，帶回警局拘留，直到第二天酒醒後，有人來做保為止，而該人之駕照極可能被停個一年半載的，而再犯一次的話就有可能終生吊照了。酒醉駕車被逮捕者不但被重罰，而且在家人親友以及公司中將為人所鄙視，畢竟這是一件極不光彩之事。

獅子奶？！　　Knowledge

　　還記得電影「女人四十一枝花」中，女主角遊希臘歸來就不自覺染上喜歡喝「歐蘇」酒的習慣嗎？其實這也不能怪她，因為一般人只要多喝幾次這種酒，任誰都會情不自禁的。歐蘇酒在阿拉伯叫阿拉克，在土耳其則簡稱拉克，是中東地區自古以來即非常受歡迎的酒精飲料，土耳其是回教國家，理當禁酒，但是沒有人希望禁止老百姓飲用這種物美價廉的飲料，也只有自己找台階的說拉克酒不算酒了！

　　拉克酒本身是無色透明的，它是經由幾次蒸餾過的葡萄酒，再加上苦艾草的高酒精含量烈酒，飲用時依各人的喜好，倒入若干在杯中，再倒入冰水稀釋，此時原先無色特明的酒會開始變成粉紅色，再加入多些水則會變成乳白色，看起來好似牛奶一般。嚐起來有一股香水加香料的味道，香香甜甜的，很容易入口，有些人剛開始喝時不習慣它的香味，可是喝了幾口以後，則會漸入佳境以至於欲罷不能了。

　　拉克酒是土耳其最普遍也最受歡迎的大眾化飲料，不論喜慶宴會或是三五好友相聚，都是人手一杯，甚至在海濱的沙灘上也可見情侶靜坐一隅，地上擺了一瓶拉克酒以及一瓶礦泉水，沈醉在兩人的天地裡。拉克水漬還有一項優點，據說喝了以後會讓男人身體愈來愈好，在「某方面」會和雄獅一樣的強壯所以又有「獅子奶」之稱。幾乎所有的男人都喜愛喝拉克希望自己像獅子一樣壯，至於女人喝了以後會像什麼？始終沒有人有正確的答案。

Pub及酒吧夜店內的禮儀

西方人在正式餐會飲酒，在自己家中進餐也要飲酒，午餐小酌、夜宴晚飲，人數多寡亦不拘，有些地區甚至早餐的餐桌上也放有香檳酒，算是早餐酒吧！而在工作之餘三五好友互相邀約，或是獨自一人，前往Pub之內小坐片刻，一杯在手，煩惱暫時拋諸腦後。相識與否均無妨，舉杯邀飲，閒話家事、國事、天下事，也是人生一大樂事。

Pub點酒之禮儀

Pub內多販賣比較流行的酒類以及飲料，有威士忌、白蘭地、啤酒、伏特加，而酒吧內則有比較多的調酒，也就是雞尾酒類，一般人都有自己的嗜好及習慣性的酒，酒保也大致都知曉。年齡太輕者不得購買酒類，因為這是法律規定的；而每個國家的法定最低年齡也不太相同，大致上最小也得滿十八歲以上才算合法，酒保若懷疑你的年紀，是可以請你出示證件的。

小費

酒保的小費多來自客人付酒錢時不找零的零頭，而這些額外的收入必須和其他工作人員共享，如端盤者、廚房工作者共同分享，所以在喝酒付費時務必多付一些當作小費，否則酒保的臉色將會相當不自然。

交談內容

由於在酒吧內的客人彼此不見得認識,所以一有機會,大家都會自由交談,此時電視機播出的新聞以及球賽等,自然而然就變成了最普遍的話題。而在英國、美、加等地的酒吧更是分得很清楚、不同行業、不同社會地位、不同黨派、不同嗜好,甚至支持不同球隊者,常去的酒吧亦不同,否則進得門後,別人說的事都是你不感興趣,或是你的看法別人都不表贊同的話,飲酒不是相當沒趣嗎?

以我們外國人在酒吧中而言,是相當受注目與受歡迎的,只要有人一開了頭,知道你是由台灣來的,保證沒一會兒就有不少人拿了酒杯圍了過來,一起參加龍門陣,沒來參加的也會豎耳傾聽,對他們來說這是多麼新鮮的話題啊!由台灣的經濟奇蹟(似乎這總是起頭的話題)談到中共的飛彈打台灣,中間當然會穿插一些 Made in Taiwan 之類的笑話等,這時候,你會強烈地意識到,你就代表台灣在發言,對他們來說,你就是台灣。

敬酒

在酒吧內大家可以說是「相逢自是有緣」,不分彼此,所以敬酒也是不斷的,此時由於並非正式場合,所以最多只是Cheers(敬你!)而已,酒杯相碰也並非必要,只要一個互換的眼神,稍微點一點頭、示意一下也就夠了。在某些國家流行一人請一輪,譬如說五、六個人一起飲

酒，第一輪酒由其中的一個付帳，待下一輪時則自然會有第二人出面會帳，及至喝得過癮欲罷不能時，則可能再換一家酒吧繼續喝，當然此時買單的又另有其人了。

請酒

　　遇到酒客中的某人有了值得慶賀之事，如生日、升遷、得子等等，該人會主動宣佈請在場的人每人再續一杯酒，以示普天同慶，而被請的人也會趨前舉杯祝賀，其樂也融融。有時客人已喝了不少酒，或是酒吧請老客人喝免費酒，名為On the house，意為本店請客，但也以一杯為限。也有時為了給客人驚喜，會突然宣佈所有在場者均可免費再飲一杯，這當然是皆大歡喜了。

最後一杯

　　酒吧快要打烊時，酒保會宣佈：「Last call！」也就是最後一杯了，再不點酒的就不能再點了，這也算是預先下逐客令，還沒喝完的人也會識相地加速飲盡杯中酒，以便讓酒保方便收拾打掃、打烊返家。

禁忌

　　酒吧除了兒童不准前往外，女士也不宜一人獨自前去，很少看見獨坐的女士在飲酒的，如此多會給其他人不當的聯想，而兩人以上則就無妨

了。男士一人獨往時多半坐在吧檯前，一方面可以與酒保閒聊，一方面也不會一人佔了太多座位。

另外，千萬不可自行攜帶食物、飲料進入酒吧內使用，就算沒有「外食勿入」的標示，最好也不要如此做，以免招人白眼。有些國人喜歡自行備酒在餐廳內暢飲，這時首先必須徵求餐廳的同意，當然所謂的開瓶費、小費等，就只能多不能少了。

有些酒吧是同性戀者專屬的，所以不可以帶異性入內，例如說一對不知情的情侶闖進一家男同志酒吧內，保證會吸引全場同志的目光，讓他們感到坐立難安，更別說開懷對飲了。

服裝

酒吧服裝可因酒吧的等級不同而相異，如在五星級觀光大飯店內的酒吧或是著名的酒吧內，就必須穿著得體一點；在鄉村、小鎮上的酒吧，自然可以隨意一些；海灘邊、露營區則更是隨君所欲了，短褲、露背裝，甚至比基尼都是合宜的。

Part 3

住宿應有禮節

　　在國外住宿時，不論住在豪華大飯店、一般旅館或是青年旅社，甚至民宿，都有許多機會與外國旅客直接面對面接觸，而個人的言行舉止與生活習慣，均影響他人對國人的印象，不可不慎！

Chapter. 住宿應有禮節

愈來愈多的旅人喜歡以民宿〔供應早餐與床鋪(Breakfast and Bed，故英文稱為 B&B)〕做為個人在國外旅行時的棲身之處，這是一般參加團體的觀光客所無法理解的，為何放著豪華漂亮的觀光大飯店不住，卻要跑到巷弄之中，甚至交通並不方便的郊區去住民宿……

觀光飯店的禮儀

飯店大廳

　　大廳為住宿旅客、來訪賓客使用最頻繁的公共場所，一般都設有沙發座椅等休憩區，主要供來往旅客暫時性的使用。有的還設有酒吧區，如果是坐在酒吧區內則最好點一杯飲料，若只是入內聊天，雖不至於被人請離，但是若恰有其他旅客欲使用，而座位被等待會面的人佔滿而無位可坐時，總是不好。另外在大廳內必須服裝整齊，切忌穿著拖鞋閒逛（但如屬前往泳池或是三溫暖則例外）；此外，在大廳避免大聲喧嘩、高聲談笑，且在等待區內不宜一直霸佔不走，影響他人等候。

　　以上所言指的是一般商務飯店，如在夏威夷等地的渡假休閒飯店，則泳裝、拖鞋並無不可。若有大件行李，最好也請服務員代為送至房間內，不可為省小費而自己在大廳內如逃難般地大搬家，十分難看。

房間內

　　歐美房門多屬自動反鎖型，此點與國內不同。拿到房間鑰匙時應先試一下較保險，如果粗心大意，出門時先在房內按下門鈕關上門，如此一來就算有鑰匙也無法開門，必須勞動飯店經理持特別鑰匙前來處理，十分麻煩。所以安全鈕只有在房內有人的情況下才按下去，另外，如再閂上安全鐵鍊則更加有保障。夜晚有人敲門時，宜先在門內窺視鏡中看一看來者何人，再決定是否開門，較爲安全。浴室內若無排水孔，則沐浴時最好將浴簾放在浴盆內遮蓋嚴密後再行沐浴，以免浴水外溢，弄溼地板不好處理，踏腳墊可以放在浴室門口，以免弄溼房間內的地毯。浴室牆壁上有些會有一條細繩索上附警鈴，這是爲了客人有緊急事故發生時，如心臟病突發等，做求救之用，沒事不要亂拉，否則可能在洗澡洗到一半時，會有人破門而入前來搭救你，到那時可就精彩了！

電視付費

　　電視分爲付費及免費兩種。付費電視一般在電視機上方有一盒子上有A、B、C、D等按鈕，如果按下任一按鈕（表示選擇某一影片）則須付費，但多有二至三分鐘免費試看時間，按下按鈕後其上還會有「確定」及「取消」的按鈕，可以試看後再行決定。如果有不小心誤按的情形，在次日結帳時可以明確告知櫃檯人員自己並未偷看，一般的飯店多會持相信客人的態度，註銷收費單，但客人必須簽名以示保證。

迷你冰箱

　　房間內有付費飲料提供房客之方便，其內之果汁、汽水、可樂及酒類均十分昂貴，非不得已盡量不要取用。有些飯店則冰箱內空無一物，主要是讓房客自由購物冰凍之用。

電話

　　房間內多有直播式電話可供旅客使用，一般來說，市內電話屬免費或是收費低廉，主要是給旅客聯絡事情方便之用。而長途電話或國際電話的費率就相當高，因為除了成本外，還要再加上頗高的飯店利潤，之後還得再加上政府的附加稅等，東加西加就不得了了。要打電話最方便的莫過於使用電話卡，國內電信局也有販售國際電話卡，但是並非適用所有國家，購買時宜先查明。其他國家也有售電話卡，多依金額不同而可使用的時間長短也跟著不同，有些撥號前尚須加密碼者，雖然比較麻煩，但是價格會便宜不少。事實上，也可以用銅板來打國際電話，但通常一般人身上是不會有足夠的銅板打國際電話的。比較不妥當的方法是跑到飯店的櫃檯要求兌換大量的銅板，以便可以到外面去打公共電話，想想看，每一家飯店都是希望旅客能盡量在飯店內消費，不論是餐飲、洗衣、打電話、購物等，以增加飯店的收益，如果旅客付了相當高的費用住在觀光大飯店裡，卻為了省一點錢，猛往外消費時，飯店職員的反應是可以預期的。

87 觀 光 飯 店 的 禮 儀
生活禮儀

電話計費

　　有些地區的電話是由接線起計費，不論對方正在通話中，或是無人接
聽，超過了五、六聲以後就自動計費了，此時應立即掛斷，待會再試。
有些人不明瞭此一情形，認為飯店在伺機敲詐，所以也常有糾紛發生。
實際情形是飯店必須付費給當地的電話局，但卻又無法向客人收費，可
說是有苦難言。還有些人明明打了電話，第二天離開飯店時卻故意趁亂
忘了去結帳，造成飯店不少的損失，因此有些飯店乾脆就把電話上鎖，
如果有房間的住客要求使用電話打長途或是國際電話時，必須親自前往
櫃檯要求開放，並且必須預付一小筆押金，才可接通外線，當然如果是
外面打進來或是房間對房間、市內電話等，是不受限制的。

插座

　　吹風機、電動刮鬍刀等的插頭多在浴室內，其插座上會標示著多少電
壓，這些插座是有限制的，也就是只適用一般低用電量之電器，如電動
刮鬍刀、攝影機的充電器等，如果以這類插座去插電湯匙、電鍋等用電
量大的電器，就可能因超過負荷而發生危險。事實上就連房間內其他的
插座，如電燈、電視機都不見得適用電水壺等電器，曾經有一位我國旅
客在房內燒茶，結果引發了一場小火警，雖然無人受傷，但是房內的地
毯卻報銷了，最後賠了八百美元才了事。賠錢事小，若因而發生意外或
是吃上官司，可就划不來了。我國旅客非常喜歡自備電器用具在房內泡

茶、泡麵甚至烹調食物，此點與其他國家旅客旅遊習慣相當不同，因為在房間內「聚餐」，不但會讓房間內髒亂不堪（尤其是有些鋪有整塊地毯者），很難收拾，就算小心翼翼，但是如海鮮類食物氣味也是不太容易散去的，最好能替下一位房客多著想。這種不良習慣也是有些飯店不喜歡接待台灣旅客的主要原因之一。

吸煙

在辦理住宿手續時，一般都會詢問住客是要吸煙還是非吸煙房，如果是在非吸煙房時就不可在房間內吸煙，因為一來房間內並無煙灰缸等器皿，再來吸煙的味道會嚴重影響下一位不吸煙的住客，這是非常不妥的。如果是癮君子卻分到了非吸煙房，那就到樓下找一個可以吸煙的地方，等過完癮後再回房去吧！

房間內的物品

除了是屬於消耗性的，如小肥皂、洗髮精等，或是有標示免費贈送者之外，全是屬於飯店的財產，不可以擅自帶走，所以無論是浴巾、浴袍、拖鞋、雜誌、花瓶、掛畫、毛毯等，都請使用完後留在房間內。有些比較有良心的收集者只是拿酒杯、煙灰缸等小東西，有的則真是會把大件物品當成紀念品給塞進大皮箱內，這不是笑話，真的發生過。

環境保護

　　歐美國家為了共同維護全球的環境保護，現在已把以前在洗手檯上一小包一小罐的香皂、洗髮精等清潔用品，一律改為一大罐附著在牆壁上的洗手、洗髮多用途清潔液，如此做倒不是為了省錢，而是可以避免一塊香皂只用一次；一罐洗髮精只用一半等浪費的情形，再加上其外的包裝、容器等，可以說都是無謂的浪費以及環保垃圾，所以這種先進的作法已日漸普及全球了。

電話留言

　　電話上若有一信號小燈不停閃爍，表示有電話留言，可以自行接聽或是按內線給總機以得知訊息。

行李小費

　　初抵飯店，辦理完手續進駐房間後，宜付小費以示感謝行李員，原則上是一間房間付一美元，若行李真的太多時則不妨多付一些。離開飯店時，只須將行李放在門外（有些是門內）即可，待完全辦完離宿手續，準備登車離開時，再付小費給服務人員也不嫌遲。

特別服務

　　有特別服務要求，如多送一條毛毯、枕頭、毛巾，或是熱開水、冰塊、吹風機等時，不妨給一點小費以示對額外的服務表示感謝。

床頭小費

　　小費可在每日離開飯店時放在枕頭上或床鋪上即可，這是給替你打掃房間的清潔人員的，不要放在床頭的矮櫃上，否則可能會被服務人員誤認為客人忘記帶走的零錢而不敢拿走。

浴室

　　浴室內有兩套馬桶時則請留意，其中一套看起來比較奇怪的是專供女性生理期洗滌之用，千萬不可因好奇而上去一試，到時候排泄物怎麼沖也沖不掉，就會令人尷尬不已了。這種馬桶在歐洲較常見，有些美國人也不知如何使用，有人把它用來泡衣服、洗衣服，有些人則把它放滿冰塊用來冰啤酒。

▲一般國際飯店的浴室中有兩個馬桶，不要懷疑，請使用熟悉的那一個。

拖鞋

房間內一般無拖鞋，即使有也是薄底拖鞋，這種拖鞋是房間內專用，不可穿出房門外，更不可穿去大廳，甚至游泳池、健身房，否則必成眾人注目的焦點。

逃生門

逃生門一般只能由內往外開，以便遇火警時可方便逃生，但無法由外打開則是為了防盜。比較進步的逃生梯是設在牆外，以免火災產生的濃煙嗆傷人，如果為了安全想要一試逃生門時，要注意別把自己關在門外了，否則只有一樓一樓地往下走，走到最底層才得以脫身，如果很不巧閣下的房間又是在第三十層樓時，不知要消耗多少卡路里？

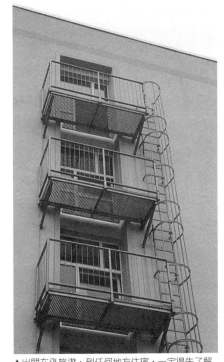

▲出門在外旅遊，到任何地方住宿，一定得先了解防火和逃生的設施位置。

保持安靜

　　若是親朋好友一起住宿，而房間剛好又是比鄰或對門時，互相談天說地是很愉快的，但是不要打開雙方的房門就倚門對話起來了，可能你們聊得很愉快，但是附近的房客就得被你們干擾了。房間內之音響、電視機，就算不是在睡眠時間也不要開太大聲，如果要開派對，應該是到樓下的酒吧內。

電視頻道

　　電視頻道有些是限制級的，如果擔心小朋友不小心亂按按到，可以通知櫃檯把鎖碼頻道之節目一律鎖死就無慮了。有一次兩對夫妻在飯店的房間內聊天，突然其中一位的十歲大寶貝兒子跑來敲門，要求父母親帶他回房間去看「摔角」，他們懷疑他怎麼會知道有摔角節目，一問之下才知道他是由窗戶看到對面的房間中正在放映的，基於好奇，大夥也走到窗口一看，才知道並不是摔角，而是「妖精打架」。小朋友出國都十分興奮、好奇，此時固然可以讓他們盡情歡笑，但也不妨同時施以機會教育，以養成他日後進入國際社會的社交圈時，能自然而然，具有良好的禮儀與風度。

渡假小木屋的居住禮儀

　　無論是在山林、在湖邊、山之崖或海之濱，只要是風景宜人的地方，就一定會有渡假小木屋的蹤影，遠離人間繁囂，偷得浮生半日閒，的確是一件令人嚮往與期待的事，以下則是必須注意的地方：

營火晚會

　　若是晚上有營區內的營火晚會舉行時，不可一直與自己的同伴聊天，最好分別與不同的在座者輪流交談，一方面是禮貌，一方面也可得到不同的經驗。談話內容以輕鬆內容爲主，忌談政治、宗教等問題，若有不同意見時，則以更換談話主題爲佳。若有輪流表演節目，則也須大方以對，其實這種活動多屬交流性質，水準如何不必介意。若有人請喝酒類等飲料，則須伺機回請以示禮貌。若屬野營則最後離席者務必確定熄滅餘火，以策安全。

小木屋

　　小木屋的隔音一般都不佳，所以若有喧囂嬉鬧的活動時也不要玩得太晚，以免影響鄰近住宿者的睡眠，可能他們正計畫隔日清晨來一次清晨慢跑或是沿湖健行呢！小木屋由於全由木材搭建而成，所以防火至爲重要，除了不要躺在床上吸煙，以免不知不覺睡著而釀成火災外，若有油

燈也最好在睡眠時將之放到門外，一方面可以把蚊蟲吸引到屋外，一方面也可以防止油燈不小心被踢倒時引發災變。有些木屋僅提供床鋪以供休息睡眠之用，所以毛毯、枕頭等寢具必須要自己帶去，否則保證一夜難眠。

若遇旅遊旺季時，小木屋可能不敷使用，此時就有可能要與陌生人一起共用，當然也是採先到先選的原則，此時不但穿著方面要加以注意，言談舉止也必須留心，不要造成別人的負擔與壓

▲一般森林遊樂區的小木屋，簡單方便而且租金低廉。

力。此外個人財物也必須收藏妥當，以免誘人犯罪可就扯不清楚了。不過說實在的，一般小木屋的租金並不高，就算人數不足，也可以租下其他床位獨宿一間，如此雖多花一點代價，但可得到完全自由的回饋。

小木屋一般的門鎖都屬於簡易型，真的要打開並不難，所以外出時不要把貴重的物品放在屋中，以免不翼而飛。洗完衣物曬在屋外時，應掛在曬衣繩上晾曬，不要隨意把衣物到處亂掛亂曬，不太雅觀。在木屋內

有些有簡易的廚房設備可供烹調，用完餐後務必將餐具清洗乾淨，器皿歸回原位，垃圾等也一律密封收妥，以免野生動物等闖入，將垃圾弄得一塌糊塗。

民宿的居住禮儀

愈來愈多的旅人喜歡以民宿「供應早餐與床鋪（Breakfast and Bed，故英文稱為 B&B ）」做為個人在國外旅行時的棲身之處，這是一般參加團體的觀光客所無法理解的，為何放著豪華漂亮的觀光大飯店不住，卻要跑到巷弄之中，甚至交通不方便的郊區去住民宿。但是只要是曾經住過民宿的朋友均知曉：主人會將旅

▲國外的民宿，大多可從佈置及外觀看出主人的品味和格調。

遊相關資訊如數家珍地提供，再加上具有當地特色的餐飲，為異地遊子提供了家的感覺，撫慰了無數獨立旅人的心靈。

禮貌

有不少提供住宿的主人本身經濟條件並不差，有的只是老夫妻為了排除寂寞的方式之一，所以都會十分熱忱地接待來自世界各地的旅客。除了提供當地的各種資訊外，也非常渴望與遊人互換旅遊心得，甚至文化交流，很可能你就是台灣來訪的第一位客人，雙方都沒有相處的經驗，這時就必須客隨主便、入境隨俗了。基本禮貌不可忽略，既然人家都把你視為家中的一分子了，就自然應投桃報李，以禮回之，請、謝謝、對不起之禮貌用語常掛嘴邊，主動打招呼，見人時自然流露友善之笑容，舉手之勞常常助人等，都別忘記。

用餐

有些民宿尚會提供晚餐，但須額外收費，且須在前一天提出要求。所用之餐即為主人家日常的普通晚餐，不會因為有朋自遠方來就大費周章，菜餚也不會特別豐盛，但可以保證的一點就是，一定是道地的當地家常菜。因此也無形中對當地的餐飲文化有了更實際的認知，而且尚可學到許多餐飲書上從來沒有介紹過的風俗習慣，以及某些家常菜的趣事，再熱心一點的主人，還會主動提供食譜甚至教你如何動手做菜呢！

在餐桌上除了主人外，也可能有其他地方來的旅人，此時餐桌禮儀就顯得非常重要了，在如此小的空間裡，每個人的一舉一動、舉手投足都會自然映入他人之眼簾，如果餐桌禮儀不佳，將使他人對你印象大打折扣。在民宿中用餐之禮儀，可以不必如正式餐會般的慎重，但是有些基本原則，如服裝整齊、尊重主人、坐姿，使用餐具方式、進食方式等，還是馬虎不得的。

▲民宿通常會提供廚房讓房客使用，但別忘了清理善後，這是基本禮節。

浴室

　　許多民宿的衛浴設備都是共用的，所以在使用時就算不為主人著想，也要為其他共住屋簷下的同宿者設想一下。馬桶用完一定要沖淨，若有附著之穢物也必須自行清理乾淨。浴缸、浴盆使用完若有牙膏、肥皂沫、頭髮等雜物，也宜稍事清理以保整潔。沐浴時必須放下浴簾，以免水花滴到浴缸外，弄得滿地溼答答的，下一位使用者可就麻煩了，若真有此情形，可以用浴巾把水擦乾。女性生理期的廢棄物應自行密封好，以方便主人清理，千萬不要扔入馬桶中了事，否則主人可能會咒罵你好幾年仍無法釋懷。

禁煙

　　浴室中一般都是禁煙的，主人在自己家的浴室中不可能掛上禁煙標記，一般來說，在室內禁煙已成了世界各地約定俗成的一項趨勢了。

客廳內

　　注意一下主人習慣性的座位，尤其是看電視時之座位，除非主人房內另有一部電視，否則就識相些主動為他保留住寶座吧！在客廳內的服裝一定和在臥室中大不相同，就算主人禮貌性地告訴你：「Make yourself at home！」但可別真的如在家中般打赤膊、光腳丫子，就在客廳中走來走去。與其他人交談時必須注意睡眠時間，別人可能不好意思掃你的

興而勉強陪你聊天，儘管他明天一大早可能就有要事要處理。交談時也不宜高聲喧笑，以免打擾到其他房間中正在閱讀、沉思、回憶，或想早睡、早眠的旅人。

聊天時若有其他國家之旅人，必須注意談話內容，不要無意中傷到他人之愛國心與同胞情，例如有黑人朋友在場時，就少談黑人犯罪、種族歧視等事情，有時候你可能是基於善意，表示自己反對歧視、喜歡黑人等，但聽在黑人朋友的耳中，反而會覺得格外的刺耳，最好的方法就是不要觸及。

宗教、膚色、政治、國民所得等，都是交談中應避免中話題，其他更有趣的話題還很多，如風俗、節慶、習慣、特產，甚至本國的異性等，都是非常引人入勝的話題。客廳內、廚房內之物品不要隨便使用，除非主人已告知可以自由使用，如書架上的書籍可以自由取閱，閱畢必須歸回原位；電話盡量別用，否則會產生付費上之困擾；冰箱大都可自由放置需要冷藏的東西，但別把整個冰箱塞得滿滿的，會產生異味的食物也不要放進去；刀叉用來吃水果是很方便，但用完後應立即清洗並歸位。諸多生活上的小細節不必一一列舉，但必須存乎一心：己所不欲，勿施於人——尤其是主人。在離去告別時，除了不要忘記付清應付之所有費用外，口頭上的感謝、心中的感念，加上相贈一件有自己國家風味的小禮物，就再完美不過了。

野外露營時的禮儀

營地選擇之正確與否,不但影響露營之趣味與品質,也與安全有關。以下為較佳之露營地:

☆接近水源

不過也不宜太接近,否則易受蚊蟲騷擾,而水源一般又是動物夜間飲水之地,所以紮營之前先觀察清楚較安心。

☆山丘上

不但景觀好,又可以防止大雨時溪水暴漲或積水成澤。

以下是比較不佳的露營地:

☆大樹下

不但樹上可能有野蜂窩,如遇雷雨時也有遭雷殛之慮。

☆河邊

最怕溪水突然暴漲,因為露營區雖晴空萬里,但在上游集水區可能已是大雨傾盆,其結果是一樣的,但可能更讓人失去洪水警覺心。

☆擋住其他露營者通路者

若見先來者佔了好地點,最好另覓佳處,不可硬擠在一塊惹人生厭,喜歡野營的人一般都有獨自擁有一片天地的傾向與嗜好,請務必尊重。

▲公共露營的場地，均有其相關的管理使用規定，使用者務必遵守。

避免喧鬧

　　若不遠處也有其他露營者時，不妨先加以觀察，若是對方正在靜靜看書，或凝視風景遠眺大自然時，你的喧鬧必定會影響到他們，再加上烤肉的油煙及自虐式的縱情，極可能毀了他們的假期。

露營用具

露營用具及必備品也務必一次帶齊全,不要一會兒向其他人借鹽,一下子借手電筒,別人口中不好說,心中一定不以爲然。如果你眞的如此健忘,唯一的補救方法就是:歸還人家東西時隨附三塊香噴噴的烤肉和兩罐冰得透涼的啤酒吧!

垃圾

有野獸出沒的地方,請務必把垃圾及未吃完的食物用密封袋收藏,以免嗅覺靈敏的野獸如熊類等夜晚的造訪。如果沒有把握,不妨把食物、垃圾拿出營帳之外,掛在遠處的樹枝上,如此就算來了不速之客,也不會直接闖進你的營帳中了。

洗滌

洗滌時須注意避免污染了湖水或是河水,尤其是十分油膩的器皿。如果沒有公設的洗滌台,那不妨以水桶等容器提水上岸再加以清洗,雖然較麻煩但卻環保,剩餘之水可倒入林中或樹叢內,不可再倒回水源中。

青年旅館的居住禮儀

青年旅館（Youth Hotel）為相當流行且普及的短期住宿方式，不但價廉物美，對經濟能力不是很寬裕的年輕朋友更是受惠頗多，而且又可以認識來自世界各地的自助旅遊愛好者，彼此分享旅遊的經驗與交流不同的文化，實在是好處多多，這也難怪眾青年朋友均趨之若鶩。

資格

青年旅館住宿必須先辦會員證，手續十分簡便，只需護照、照片以及些許手續費即可，一般以一年為期，效期截止後再續辦。在出國前先辦妥或是抵達國外後再行申辦均可，費用與手續也類似。

會員

有些國家可以接受家庭會員以及團員會員的，這是為了方便全家駕車出遊或是學校學生集體旅遊所設，不過最好事先查明以免遭拒。

天數

有些旅館嚴格規定同一會員不得連續停留超過三日以上，這乃是著眼於其服務宗旨，以讓優惠能普及於其他人，而房間未住滿或是淡季時則另當別論。

房間

　　由於青年旅館有不少都是由家庭或機關改建而成，所以它的房間數有極大的差異。小的可能只有十間、八間房間可租用，大的則有好幾十間房。不過一般青年旅館的容納標示均以床位為單位，因為每個房間的面積大小均不一樣，而其內可放置的床位數也不同，所以用床位來標示是比較正確的。

房間內的設備

　　房間內的設備十分簡單，一般僅有床鋪和床頭置物櫃而已，有些地方甚至採用上下鋪的床位，而旅客依先來先挑的原則，反正每人都有一張床可供休憩就是了。

相關規定

　　除了家庭房之外，均為男女分房住宿。報到時必須自行前往櫃檯租用被單、枕頭套、毛巾等盥洗用物品以及寢具，行李也是自己抬往寢室，當然鋪床疊被也是個人動手的。

洗手間

洗手間和浴室均爲公用，採男女分開式，但是有些浴室只有隔間並無浴簾遮掩，外國女性早已習慣不當回事，但我國女性似乎仍難適應，每次進浴室總是設法擠進最後一間，寧可大家排隊依序使用，兼互相把風，而讓其他的淋浴間空在那邊沒人使用。

餐廳

旅館多附設有餐廳，供應早、晚兩餐，早餐是已包括在住宿的費用內，而晚餐則必須另行付費。一般餐食多以自助餐方式較爲普遍。有些餐廳在餐後會供應啤酒以及其他的冷飲，而此時就是年輕朋友齊集一堂，大家不分彼此，互相分享經驗、閒話家常的時候了。如果英語能力不錯而又夠聰明的話，不但可以結交一些異國朋友，也可以得到許多寶貴的旅遊資訊，尤其是可能收集到幾天後你即將前訪之地的資訊。

兌換

青年旅館多有提供外幣兌換服務，其匯率會比其他的觀光旅館來得好，手續費也低。有些也提供郵電服務，買賣郵票、電話卡等等，都是以服務會員爲出發點的。

娛樂

有些會提供公用的客廳，讓會員能坐在沙發上看看電視、讀讀報、看看書等，當然也是眾人接觸、聊天的好地方。某些比較大型的旅館甚至會有Disco Pub，讓精力充沛的年輕人可以利用晚上的時間來發洩多餘的力氣，順便認識新朋友。

洗衣

有些設有自助洗衣設備，自購洗衣粉然後投幣洗衣、烘乾十分方便，為長途旅行的旅人提供了相當大的幫助。

門禁

幾乎均有嚴格門禁管制，超過夜晚十一或十二點者一律不得進入（除非爬牆），這是怕歹徒宵小趁黑夜潛入而規定的，因為旅館實施管理制度，所以會像住宿舍一般的管制進出，確實會有一點不習慣，不過只要想一想「青年旅館」源自以管理嚴格著稱的德國，也就不以為意了。

財物

由於同一間寢室者幾乎都是陌生人，彼此並不認識，所以貴重的財物務必收藏妥當，不要炫耀，也不要引誘他人犯罪。

交談

　　會採用青年旅館為住宿的人，大概都是真正的自助旅遊愛好者，也都比較活潑開朗，所以不妨主動與其他旅友打招呼，並自我介紹，畢竟一位後來者主動向已在場者致意是必要的基本禮貌。如果只是自顧自地做自己的事，對其他人視若無睹，是非常令人嫌惡的。交談內容以旅遊經驗交換和各國風土民情為佳，謹記「少批評」、「多讚美」之原則絕對錯不了，用字遣詞也避免尖銳，以免刺激到意見相左者，一個爭強好辯的人，就算經驗再豐富、能力再強，也永遠不可能受人歡迎的。

飛機、輪船和火車上應注意的禮儀

飛機上

　　長途飛行日漸普遍，由台灣去歐洲、美洲、中東、紐澳等地區似乎都少不得在飛機上過夜。而在機艙如此狹窄的空間裡，就有賴所有乘客互相體諒與合作，才能使大家都有一個雖不舒服但至少可以忍受的高空之夜了。

☆空位

　　機上若有空的座位，原則上是可以讓其他人自由使用的，但是第一是要在飛機機艙門關妥後，確定已沒有其他的旅客會再上機時，方才可以換位子。但若此時飛機已在滑行中，則暫時不可移動以免跌倒受傷，必須等到飛機起飛，扣緊安全帶的警示燈熄滅後，再換座位較妥當。不同艙等之間也不可換位，例如說商務艙的座位若有空位，經濟艙的旅客是不准前去換座位的，但是若是經濟艙有空位（旅遊淡季時常常發生），商務艙之旅客是可以前往後排的，自動降級沒人會干涉。

☆過夜

　　在機上過夜時，原則上機艙大燈會關閉，只留下必要的光源，如廚房、洗手間、逃生門等，以利旅客較易入睡，此時若是睡不著也請盡量放輕動作，不要與人聊個不停，打擾他人之睡眠。以投射燈看書，讀報是可以的，但是在暗夜中的一道強力光束，或多或少都會影響他人之睡

眠，能不在此時開燈，就盡量別開吧！不妨利用此時欣賞機上傳來的美妙音樂與歌曲。

☆**睡姿**

　　若是座椅有空位時，可以在椅子上橫躺舒舒服服睡一個覺，但是請務必注意頭和腳，不要凸出座椅外，以免被人撞到，或是絆倒他人跌倒，黑暗之中是很有可能發生的。

☆**亂流**

　　飛行途中若遇上亂流是常有之事，此時不論是坐著睡還是躺著睡，務必要坐好並立即把安全帶繫好，待亂流過去後，再恢復原來的睡姿。

輪船上

　　在歐洲的北歐、英國、希臘等地區，以及阿拉斯加、加勒比海等地都常有機會在船上過夜，而且一過就是好幾夜。雖然說遊輪的空間比飛機上大得多，但是仍然須注意一些事項，畢竟，We are on the same boat！

☆**艙房**

　　船上艙房分許多等級，一般來說，愈高的樓層，也就是景觀愈好的地方，等級也愈高，而房內之設備差異也極大，可由簡單的上下鋪、公用的衛浴設備，到豪華寬敞的套房（Suite），套房內應有盡有，一應俱全，而且還有私人的陽台，可以在上面拿著杯香檳酒，欣賞夕陽入海的落日餘暉，看過《鐵達尼號》嗎？情形和實際狀況差不了太多。

☆用水

船上的淡水雖然充足，但大都會有公告，希望旅客不要浪費水，當然一般的盥洗、清潔是省不了的，但若是洗衣服等，就不受歡迎了，他們希望你能去船上的洗衣處洗衣，有些大型遊輪的底層有自助洗衣服務，只要用銅板買一包洗衣粉，其他如洗衣機、脫水機、烘乾機，其至熨斗、燙衣板等全部都有，十分方便。

☆行李

長天數的遊輪之行李是可以攜帶上船，放在自己的艙房以方便使用的。但是登船與離船時服務生的收送行李小費是不可少的，而其價碼一般比陸地上的飯店行情要高，例如說有些遊輪公定的小費標準就是每人每天須付九美元，當然是包含服務生、清潔人員、餐廳人員，甚至機房內的工作人員大家共享的，但由此也可見小費收費之高，畢竟有經濟能力參加昂貴的遊輪之旅的旅客是不會在乎這些小錢的。如果搭乘的是只過一夜的渡輪，如由倫敦前往阿姆斯特丹、斯德哥爾摩前往赫爾辛基等，多是夜晚登船而第二天上午抵達。此時大行李自然也會登船，但上船前就會以運輸帶放置港口的轉盤上，再直接送往船上上鎖保管存放，這些大行李在抵達目的地之前是不准取回的，情形和飛機託運行李一模一樣。因此在登船時必須事先準備好一個隨身行李袋（Over-Night Bag），其中放置個人換洗衣物、盥洗用具等，當然還有當晚的必需品，如底片、藥品、隱形眼鏡清潔液等。

☆室內甲板

有些自助旅遊者或是學生，買不起艙房票，於是只買一張船票，然後帶了睡袋，就在甲板上打地鋪，這種情形船公司是允許的，但是在正常作息時間內是不可以鋪開睡袋的，以免影響其他人通行，不過可以先用睡袋佔地為王，等時間一到就可呼呼大睡了。初視之下，覺得他們好像是難民一般，一個一個挨著睡在地板上，但卻見他們一點也不為意，甚至還彼此交談，有說有笑，似乎比起住兩人一間的艙房還來得有趣呢！

火車上

在埃及、印度等古文明國家，鐵路是當地相當重要的交通工具，有些地方不一定有飛機可到達，但是一定會有火車可前往，而由於幅員廣大，所以經常要在火車上過夜。

☆坐臥兩用鋪

火車上的臥鋪多屬坐臥兩用鋪，也就是在白天時是當座椅沙發用，而夜晚來臨，用過晚餐後，就可以把座椅拉出來，固定好後當作臥鋪用。如果不會使用操作也無妨，因為自有車廂服務員替你代勞，乾淨俐落，旅客只要在旁觀看即可。豪華一點的火車是兩人共用一間臥鋪，大部分都是上下鋪，雖然在買車票時就已註明誰是上鋪，誰是下鋪，但是如果可能，讓下鋪給身材肥胖或是行動不便者吧！當然有些人可能自稱有懼高症，或是不會爬上鋪等等，也盡量體諒他們吧！

☆寢具

睡前服務生會逐房分送枕頭、毛毯等寢具，第二天再收回，如果怕冷可以請他多分一條毛毯以禦寒，當然小費是不可少的。還有就是睡眠時，由於有些臥鋪是沒有房門的，只用一條窗簾布隔開而已，所以自己私人財物務必收藏妥當，以免睡得迷迷糊糊之際，錢包掉在地上都不曉得就麻煩了。

☆換臥鋪

如果你不喜歡你的「鋪友」，而火車上剛好又有多餘的房間時，你可告知服務人員實際的情形，看他是否能幫你換換看，當然只要稍微付一點費用，他們一般都是很樂意替你服務的，皆大歡喜，何樂不為？車廂服務人員在這方面是有相當大的權力的，不信的話，試試看！

☆洗手間

房間內有些有洗手間的設備，但沒有廁所，衛浴設備都是共用的，一般都設在車廂的兩端。由於火車在行進時會不斷晃動，所以在上廁所時也必須小心才是，有些廁所內設有簡單的淋浴裝置，用是可以用，但是大都沒有熱水，如果不怕冷水的話，不妨盡量使用。

上洗手間時，自己的財物務必請熟人代你看管好，以防萬一。

☆隨身行李袋

　　情形和輪船一樣，火車上的大行李一般都集中放在第一節車廂中，待抵達目的地後再卸下火車。所以一個 Over-Night Bag 也是不可少的，其中放著你在火車上過夜的必需用品，如盥洗用品、藥品……

公園與國家公園

在比較先進的國家，公園有其一定的定義，這與國內某些地方認為，一小塊空地種點花花草草，植了一些樹就稱為公園是大不相同的。一般而言，能稱得上公園者必須有相當廣闊的面積，公園內有綠樹成蔭成林，規畫完整的道路、小徑，遼闊的草坪，有些還有花卉區、生機盎然的大型池塘等，甚至如倫敦海德公園還有跑馬道。公園都有一個共通的特點，就是提供居民一個放鬆心情、漫步徜徉的好地方，人們在此可以隨意躺臥在潔淨的如茵碧草上做日光浴、散散步、遛遛狗……也可以什麼都不做，只是靜坐在一隅，與沐浴在陽光中的人們融成一體。

在公園中應注意下列事項：

☆在公園裡遛狗

在公園裡遛狗時，若有狗遺（排遺物）必須即時將之清理乾淨，不可故意視而不見，或隨便清清就算了，否則一旦被發現將遭到非常嚴重之處罰，甚至有可能喪失養寵物之權利。

☆兒童遊戲設施

公園內有些設有兒童遊戲設施者，必須遵守年齡規定限制，年齡太大或是太小都不准使用，以免發生危險或是損壞了設施。

☆不可亂丟垃圾

不可亂丟紙屑、煙頭等垃圾，事實上，任何人在如此乾淨、清潔的環境中，都會不忍變成破壞者的。

☆不可破壞

一草、一木、一花、一葉均為公園所有，不可折花攀木或是捕捉昆蟲鳥獸等，違者之處分也將令人終身難忘。

☆禁止進入的人

酒醉者、吃禁藥者、精神恍惚者、精神異常者、單獨的年幼稚兒、裸體者，以上這些人是不准許進入公園中的。

☆不要在夜晚進入公園

白天的公園若是天堂，到了夜晚可能是另一個世界，所有罪惡都有可能在其中發生，所以千萬不要在夜晚進入公園內。如紐約的中央公園、倫敦的海德公園都是政府一再告誡但仍然常常出事的地方，這是因為公園幅員太過遼闊、照明不足、死角又多，所以變成犯罪者的溫床，因此最好敬而遠之以策安全。

如果真的想一探公園夜景，那就同行人愈多愈好，最好自己開車前往，不要徒步，也不要遠離園內道路進入叢林中。

☆限制汽車出入

　　有些公園限制汽車出入，除非是另外領有特許執照者才得進入，而在某些時間內所有的車輛均是被禁止進入的，當然這並不包括救護車、警車和消防車。

汽車營地的使用禮儀

在歐美國家，尤其是美加地區，自行駕車旅行已是一種非常普遍且方便的旅行方式了，這是由於美加地區道路規畫良好、標示清楚，而且沿途又有足夠的相關設施，如加油站、休息站，以及非常重要的汽車營地。以下是住宿汽車營地的注意事項：

◎營地以經營者的身分來區分可分公營與私營，公營者是由中央或地方政府興建與管理，其特色在於收費非常低廉，基本設備也齊全，只是其他方面則略嫌簡陋了一些，不過不少人看在能省錢的分上，還是優先預訂公營的營地，若是客滿才會去訂民營的營地。

◎民營營地可就豐富得多了，規模也可由幾十部車的停車容量達到好幾百部之多，可以說是一個獨特的小市鎮。比較有規模的營地設有餐廳、美容院、自助洗衣室、游泳池、超市、電影院、Disco Pub、酒吧……白天遊客還在外觀光遊覽，營地內的人口並不多，但是一到傍晚，倦鳥歸巢時，整個營地頓時熱鬧了起來，生營火的生營火、烤肉的烤肉，還有人在草地上玩飛盤、丟橄欖球，也有人一面彈吉他，一面大口喝著冰啤酒，人人輕鬆自在，享受渡假的歡娛。

◎在營地的住宿方面也有分別，有些只有停車位以及露營地，其露營之設備如帳篷、睡袋等一律由旅客自備。有些營地建有小木屋，屋內可

住四至八人，多為上下鋪，但是寢具必須自備；衛浴設備一般都是共用，當然毛巾、肥皂等也是自行攜帶的。

◎RV車在美加地區十分風行，RV車也就是休旅車，其停放的地方由於車體龐大，也是有嚴格規定的。例如說不可在路邊隨意靠邊停車，哪怕該地的風景非常宜人。

◎RV車內設備非常完善，有床鋪、小廚房、餐桌、冰箱、電視、衛浴設備，可以說是一棟會移動的房子。在美國就有不少退休的老夫妻把自己的房子賣了，後再買下一部大型休旅車，然後把所有家當統統放在車上，開始過雲遊四海的日子，以渡餘生，逍遙豁達令人欣羨。

◎全世界只有美加等國才辦得到，因為北美之汽車旅遊整體設施非常完善，而且重要的是，汽油也便宜。我國也開始引進RV車，但是交通狀況、營地設備仍然問題多多，急待解決。

◎RV車進入營地後，付完入場費，可以在指定的停車地點接上水、電、瓦斯，立即就地成屋，有些營地還提供抽水肥的服務，可以順便清理車上累積的肥水。

◎接下來的活動就是準備晚餐、洗衣服、曬衣服，也可以與鄰近的車主互相串門子、聊天，交換一下沿途的旅遊經驗，其樂也融融。

◎若晚上閒著無事，除了可以使用營地中的各種娛樂設施外，有些營地

會用營地車送旅客至附近的鎮上逛逛，或是用餐、喝杯酒等等，當然必須酌收費用。如在拉斯維加斯的營地由於距鬧區有一段距離，旅客自行開車不但麻煩且又不易停車，於是營地就會提供廉價的小巴士來回接送旅客至城中遊樂，去試試手氣並享受一下燈紅酒綠之氣氛。

◎RV車方便是方便，不過租金較高，又有行車公里數限制，且比較耗油，所以租用起來有人覺得似乎還不如租部轎車再去住營地小木屋划算，只要在行李廂放上兩個睡袋即可，就算小木屋全滿了，只要把帳篷架起來，一樣是一夜好眠。

Part 4

有禮行遍天下

現在不論國內、國外，搭乘飛機都已是一件非常普遍的事情，而機場也是我們與其他乘客接觸相當頻繁的地方，自然有些機場禮儀是我們必須依例遵行的。

Chapter. 有禮行遍天下

空服員並不是花瓶，他們的工作非常辛苦，不但要不斷調適變來變去的時差，還要和顏悅色地為旅客提供服務，尤其是不收小費更令人無法表達內心的感激。所以我們應以禮貌的態度請他們幫忙，而適時地向其表明感謝更是一大功德，他們要的不多，真的！

機場內的禮儀

前往遠地旅行，最快速、方便的交通工具非飛機莫屬，現在不論國內、國外，搭乘飛機都已是一件非常普遍的事情，而機場也是我們與其他乘客接觸相當頻繁的地方，自然有些禮儀是我們必須依例遵行的。

抵達機場

前往機場搭機必須提早若干時間，團體應在起飛前兩小時抵達，個人則在一個半小時前抵達機場，以便辦理離境手續（但如印度、以色列等國則需三小時前），否則若來不及辦理，有可能使整架班機延誤而引起公憤。想一想，每當所有乘客都已在飛機上就座完畢，繫好安全帶，卻不能準時起飛，眾人同仇敵愾的目光集中在姍姍來遲者身上時的心情吧！候補旅客一般在飛機起飛前三十分鐘依序排隊候補缺額，所以若臨時欲改變行程，機位還沒OK時，最好盡量早去櫃檯排隊，另外一個竅

門就是設法先加入該航空公司的會員，就算是加入沒幾天，仍然比非會員者有優先候補的權利。

行李檢查時

離境時若有管制物品如裝飾手槍、禮品刀等，在X光掃描隨身行李時，應主動提交海關封存保管，待抵達目的地下機時再領回。入境時無稅者應走綠線，應稅者則走紅線出海關，幾乎已成為國際上統一慣例，如果走錯的話則易引起麻煩與誤會。

自動走道上

請勿併排聊天或把行李擋住後來者的前進，一般請依當地汽車行駛的方向，或依走道上之指示靠邊站定即可，如此後來有急事者才得以迅速通過。

辦理登機手續

抵達機場後依自己搭乘的航空公司前往辦理離境手續，一般航空公司會要求出示本人有效護照、前往國之有效簽證等，憑證照核發登機證，辦理行李托運。通常經濟艙可托運大型行李一件，重量不可超過二十公斤，而長寬高也有限制，一般正常形式的行李是不會有問題的。

違禁品

　　行李內之物品不可有任何管制或是違禁品，例如骨董、保育類動植物、毒品類、槍械、子彈、汽油均嚴禁攜帶上機，數量過多的打火機也必須撤下來，以免飛機失壓時造成空安問題。甚至連泡沫膠、噴氣式定型液等，都可能在飛機失壓下產生爆裂，同樣會有遭禁的命運。

手提行李

　　手提行李以一件為原則，但此項規定不被嚴格執行，但可能在客艙內造成立即危險的物品，安全檢查規定更為嚴格，例如槍械、汽油等是絕對不可能登機的（除非你想要劫機），另外在以色列、印度等情勢緊張的地方，更是安檢得鉅細靡遺，連你隨身的底片、照相機等很「安全」的物品也要一一過濾清查，安檢官如認為你看起來比較可疑時，他們會更加小心仔細，例如他們會問：「這是照相機嗎？OK！請當場拍照一張試試看好嗎？」另外安檢處均嚴禁任何人有攝影、拍照等行為。此外有些人喜歡隨身攜帶小刀、水果刀等物品，類似這些刀械類的危險物品最好由安檢人員代你密封保管，鎖在飛機上的保險箱內，在你抵達目的地後再憑收據前往領回，但手續相當麻煩，不如事前將之放在大行李箱中托運，將為你省事不少。

手推車

比較現代化的機場一般都有手推車的供應，有些手推車是免費供應的，有些則必須付費。若無銅板亦可向機場兌換，有些是先付費，等你用完之後可以再退回硬幣，使用手推車時請依行進路線順序前進，不要影響他人行的權利。用完車之後也請在指定地點依序放好，方便工作人員集中回收使用。有些地方如電扶梯、禁區等，是不准手推車進入的，也請照指示來做，以免被人指責。

移民關

移民關永遠是我們抵達另一國家的第一道關卡，第二道則是海關。在移民過關時，請先注意是否區分為本國國民與外國國民，避免排錯了隊伍又得重排。在關卡前會有一條紅色的等待橫線，請依序排隊並不要逾線。到達檢查關卡請主動出示護照、簽證及機票等必備文件，以免問一項拿一項而耽誤時間。此外有不少國家都要求旅客同時出示入境卡與海關申報單，而這些卡單最好親自簽名並且要簽得和護照上的簽名一模一樣，以免會有他人代簽的質疑。

移民關在護照或簽證上蓋章後，可前往行李轉盤領取托運的行李和飛機組員托管的違禁品。要注意的是，不論移民關在你的護照上附加任何字條、卡片等，均應妥善保管不可遺失，否則在出境時可能會有麻煩。

海關

領取行李後則可準備過關，在先進國家的海關，一般都以紅色及綠色兩條線來分別代表有申報物者和無申報物者，相當尊重旅客。但是海關官員多會在旁監視，一旦發現可疑人物會立即嚴格檢查，而如果在行李中發現了未稅闖關物品則將課以重稅、罰鍰，甚至遭到監禁，所以若是沒有把握的話，最好守法的走紅線，主動向海關官員出示物品，並詢問可否通關比較安全。

索賄

在落後地區如印度、印尼等地，均不斷傳出官員藉機索賄的情事，有些官員胃口小一點的只要幾包香煙或是一些小禮物即可打發。但是如加爾各答機場索賄的惡名早已是蜚聲國際。無論是外國人、本國人均一網打盡，而且不管你的身分是神父、修女，還是和尚、尼姑，統統無一倖免。索賄官員為一貪瀆集團，有代表人負責向旅客索賄以及討價還價，他人則負責放哨把風，以免上面高級官員前來巡視時被人檢舉。印度索賄有一定的行情，多根據旅客前來國家之生活水準而有差別待遇，例如台灣、日本等地一人開價十美元，泰國、馬來西亞的國民只要五美元即可，唯一不同的就是他們不敢向洋人索賄，尤其是美國人，美國人遇此情形時不但會大聲據理力爭，以引人注目，而且性好興訟，就算只被敲了一塊錢，也會一關一關告到底，絕不善罷干休。而東方民族則多願花

點小錢以求迅速出關，畢竟，坐了長途飛機滿身疲憊的旅人，哪個不想盡快離開機場呢？

離開機場

出了移民關、海關後，就是要離開機場進入市區的開始了，在此之前會看見不少的外幣兌換商店，或是所謂的銀行。經常旅行的人都知道，機場兌換外幣的匯率並不是很好，但若真的需要，不妨換個二、三十塊美金的零錢，以備待會馬上就得用到。

機場外

機場外總是人潮不斷、交通繁忙，最好事先弄清楚自己前往市區的交通工具是巴士、地下鐵，還是計程車？因為每一種交通工具的停靠地點均不一樣，弄錯了地方，就得拖個大行李跑來跑去相當辛苦。有些落後地區會有類似流氓的苦力，前來爭取生意，幫你拖行李，必須千萬小心，有些人會把行李拖了就跑，消失得無影無蹤；有些則會獅子大開口，狠狠敲你竹槓。如果真的需要人幫忙，就找有戴帽子、掛識別證的正式機場行李人員吧！花點小錢，至少不會被偷、被騙。

偷竊

　有些歹徒專門在機場作案，對象多是那些初來乍到的外國觀光客　他們均趁人愣頭愣腦、摸不清方向的時候下手，一般是用跑樓子方法，就是用旅遊時常用的手提箱、文件箱等伺機接近被害人，一人假裝問路或是和你亂扯來吸引你的注意力，另一人則乘機把你的皮箱掉包，沒有戒心的旅客常常在出了機場後，還沒有發現自己已遭毒手了。

轉機時之竊盜

　還有就是不肖機場的地勤員工，利用轉機時之空檔大肆竊盜，好一點的只用手在皮箱內摸索，摸到什麼算什麼，照相機、底片都要，指甲刀、零食等也不放過，造成旅客相當的不方便。有些則明目張膽地大肆破壞，用起子撬開箱鎖，或用利刃割開箱布，不但財物遭竊，連皮箱也一起報銷了，防範之道是盡量用堅固的硬殼箱，外加其他大鎖、綑綁皮帶等，讓歹徒覺得不易到手而放棄，當然，大皮箱內不放置任何值錢的物品是大家都知道的消極防衛方式。目前轉機時之竊盜以曼谷機場最為猖狂，幾乎是每天都發生。就算再三向泰國有關單位反應，但均不得要領，有人說泰國航空警察可能也難脫干係，說不定也是其中一分子呢！

安全檢查

　　在某些機場會有比較嚴格的安全檢查，例如在印度的喀什米爾地區之機場，光是在機場內可能就要檢查三次，進入機場大門時檢查一次，在櫃檯托運時再翻一次，上飛機在登機前還要再在飛機旁指認一次，最後方才送上飛機。有些機場則是在安全檢查完後，會用強力安檢塑膠帶加以固定綁死，如果膠帶斷裂則必須再重新安檢一次。為何如此嚴格就是怕炸彈！

　　也有機場如英國的LGW國際機場，有時會突然宣佈所有人員站在原地不准走動，然後出現一隊隊全副武裝的特勤小組逐一檢視可疑人物，對機場可疑旅客加以盤查，從中找出歹徒以防患未然，但誰又是歹徒呢？大家猜測應是愛爾蘭共和軍。

飛機上的禮儀須知

飛機上

在飛機上隨時繫好安全帶，以免遇亂流時遭碰撞而受傷。機員在廣播事情、安全示範時，就算是聽不清楚或是不想聽，也請保持安靜，以免影響他人知的權利。不可在走道上交談聊天或跑動，即使鄰座間聊天也應控制音量，避免影響他人的安寧。座椅向後傾時，請先向後看一看，然後再緩緩將椅背後傾，不可突然猛力向後倒，以免撞到後座旅客或弄翻其飲料。

遭遇亂流時應立即就座、繫好安全帶，並將桌面的飲料喝掉或扶穩，以免飲料飛出弄污他人衣物。若來不及就座，請立即蹲下以兩手手掌向上反握住椅底、扶手等支撐物，若在洗手間內，則應立刻停止使用，隨機應變。

應依照自己所訂艙等入座，不可偷溜到更高級的艙中享受較佳之服務，若艙中有空位，也必須確定無人後才可以自行調整座位。同行一群人的座位被分開時，最好也是在飛機起飛後再協調鄰座旅客調整座位，並應致謝，因為每個人均有擁有自己座位的權力。鄰座若是陌生人，可主動微笑表達善意，並簡單自我介紹，但不可喋喋不休、疲勞轟炸，讓別人受不了。而坐在靠走道者，有義務替內側旅客服務，幫忙傳遞餐盤或飲料等，而靠窗者除非陽光太強烈，否則不宜隨便關窗影響他人賞景之權利。

洗手間

請排隊依序使用洗手間，入內後請先將門閂閂緊，門外之指示燈自然會讓後來者知道洗手間正有人使用，另一方面也可避免亂流時門會打開的尷尬，當然更可避免冒失鬼不敲門就擅自闖入。使用完畢後請自行清潔整理，方便下一位使用者。此外洗手間是機上唯一的監控死角，其內設有極為靈敏的煙霧偵測器，所以嚴格禁煙，違規者將遭鉅額罰款。

飛機起飛與降落

航空公司在飛機起飛和降落時都會規定椅背豎直、桌板收好、安全帶繫緊，及禁止吸煙之燈號亮起。這些都是安全措施，椅背若不豎直，則飛機迫降時坐內側的人逃生較不易；桌板未收好，飛機落地時的巨大衝擊力將會把人撞向桌板造成傷害；安全帶的功能不用再說，禁止吸煙也是怕有意外發生時，引起火災造成更大的傷亡。飛機事故的發生可以說都是在一瞬間發，根本沒有時間應變，所以安全措施是絕對必要的。

飛機滑行

飛機滑行時的速度仍然很快，此時若有人鬆開安全帶或是起身行走，這將是一件極具潛在危險的事情。所以在飛機滑行時亦必須做好安全措施，尤其是飛機降落後、仍在滑行時，不可起身取行李或是上洗手間，因為如此均有可能造成跌倒引起傷害。

餐具

　　機上供應各種餐點飲料，但是不附贈餐具，可是仍然有人（本國人、外國人均有）喜歡收集不同航空公司的刀叉湯匙等小餐具以爲紀念品，讓航空公司相當傷腦筋。有些公司於是改用塑膠餐具，有的則只用次級品、普通餐具，盡量以不吸引人爲原則，可是效果不是很大，偷者照偷，拿得毫不手軟。我曾親見某一國立大學的教授在飛機上是每餐必偷，他在用完餐後將餐具一一擦拭乾淨，然後挑選其中兩、三樣較美觀者，悄悄塞入腳下的隨身行李袋中，自以爲神不知鬼不覺，但是仍被其後排的其他旅客發現而訕笑不已。

一般餐食

　　飛機上除供應早午晚三餐外，有些還提供點心甚至速食麵，可以說是相當周到。在經濟艙內除了特殊餐食外，一般是沒有太多的選擇，大都是二選一，排在較後的服務區域則可能更是沒得挑選，當然你還可以選擇：不吃！

特殊餐食

　　較常見的有：嬰兒餐（Baby Food）、兒童餐（Children Meal）、無牛肉餐（Hindu Meal）、素食餐（Vegetarian）等，但必須在訂位時預先告訴航空公司以方便其準備，臨時告知是無法辦到的。因爲飛機上的餐

飲佔了飛航成本相當重的比率，所以航空公司都是依據實際搭機人數再配以若干備份而估算出來的，不可能有太多的種類和備份。前幾年日本亞航為了平衡營收的赤字，於是就由降低各航班的餐飲價格做起，沒有多久就轉虧為盈了，眾人驚訝中也證明了餐飲稍做調整，即可省下大筆開銷。

飲料

原則上，越洋飛機的機上飲料一律是免費且無限制供應的，不過有兩種情形例外，一是旅客已呈醉態，此時空服員可拒絕再供應酒精類飲料；一是旅客不斷牛飲，大有免費酒不喝白不喝，一喝就喝個夠本的佔便宜心態。例如在中東地區的回教國家普遍禁酒，但是不少阿拉的子民一上了飛機後就趁機大肆放縱，個個開懷暢飲，不醉不休，幾乎每一家航空公司都深感頭痛，唯一解脫之道就是把酒櫃鎖起來，然後告知酒已沒了，方能遏止無盡的需索。有些國內線班機或近程班機則是規定酒精類飲料是須付費的，而且是一手錢一手貨，當面收取的。

排隊

在飛機上上洗手間是必須排隊使用的。一般來說，用餐後、降落前、電影演完後都是人最多的時候。聰明一些，盡量挑些其他時間去吧！

空服員

空服員並不是花瓶，他們的工作非常辛苦，不但要不斷調適變來變去的時差，還要和顏悅色地為旅客提供服務，尤其是不收小費更令人無法表達內心的感激。所以我們應以禮貌的態度請他們幫忙，而適時地向其表明感謝更是一大功德，他們要的不多，真的！

贈品

除了會有畫本、卡通玩偶送給兒童以讓他們不會騷擾他人外，現在飛機上一般都不興送撲克牌等贈品了。如果真的是非常非常想要，那不妨悄悄地向一位看起來心地較善良的空服員說說看，若是公然大聲地詢問她是否有免費贈送的紙牌，答案一定是否定的。別忘了古有明訓，不患寡而患不均。其他在場的人保證馬上加入索取的行列中，再多的牌也是不夠發的。

置物箱

拿取機艙上端置物箱中的物品時，也請小心，以免其中物品掉落而砸到別人的身上，拿完物品後也務必將箱門關上，直到聽見「喀」的一聲才算關好。

健康

機上的溼度控制得相當低，常會給人十分乾燥的感覺。沒錯，這是因為飛機如果載運了較多的水，將會耗費更多的燃料汽油，增加許多的營運成本。所以感覺乾燥是正常的（據說這也是空中小姐皮膚老得比較快的原因，信不信由你），解決之道就是多喝水，好在飛機上的飲用水是絕對充分供應的。

暈機

有暈機習慣的人應避免喝太多的烈酒，少量的酒精可以助人入睡，但是如果喝得太多，得到的就只有頭痛了。

隨身攜帶藥品

藥品務必隨身攜帶，尤其是心臟病、高血壓等突發性且具有危險的急病。要知道飛機上並無隨機醫生，空服員所受的也只是一些基本的急救技術，如CPR、人工呼吸等，若遇上重大症狀也一樣束手無策，這也是為何有時在機上會聽到：有醫生在本班機上的，請立刻到前排來……之類的廣播，若不是機上有人正要生小孩，就是八成又有人忘了吃藥了。

禁用電子用品

　　飛機上一律禁用會產生電波的電子用品，如行動電話、收音機、隨身聽以及電子遊戲機等，這是因為飛機上有非常敏銳的各種電子儀器，所以即使是看起來並不強的電器，也會嚴重干擾各種相關數據的判讀。

　　例如說，飛機起飛時若速度不夠就必須放棄起飛，重新再飛，若此時正巧有人在用行動電話通話，則駕駛員將無法正確判讀電腦顯示的速度，極易誤判而發生空安事件，因此世界各國均已規定嚴禁使用上列影響飛機安全的電子用品。不過為了彌補禁用這些用品所產生的不便，有不少飛機上都已裝設了刷卡式公用電話，由於這些機上附設的電話是利用飛機本身的電波發射系統，所以絕對不會影響飛安，既方便又安全，不過費用可不低喲！

　　其他如CD隨身聽和電動玩具等，有不少新款飛機在座位上都裝有個人螢幕，可以讓旅客打電玩打到手軟，聽音樂聽到耳朵長繭為止。

緊急逃生門

　　緊急逃生門是飛機迫降後緊急逃生之救命出口，所以不但禁止放置任何可能阻擋旅客逃生之物品，如行李輪架、手提行李等，並且規定老人、十二歲以下幼童、孕婦、殘障者均不准坐在該排，以免自顧不暇，又妨礙他人逃生。

　　在許多國家甚至規定不會說英文者亦不准坐在緊急逃生門附近，因為

如果真的發生事情，空服員與你溝通時若是雞同鴨講，也會影響逃生的時間，所以寧可讓那一排空著，也不讓不應該的人坐，否則就違反了空安之規定。

電腦

　　有些人坐飛機會杞人憂天，有人憂愁飛機飛行靠電腦，那萬一電腦當機不是全完了嗎？不用擔心，飛機上同一系統的電腦共有三套，而且起飛前都會重新仔細檢查，測試完畢。就算其中一套真的當機了，還有兩套備份，而且就算是這兩套也當了（機率只有一千萬分之一），沒關係，駕駛員可以立即接手，每一位合格的駕駛員都可以憑著豐富經驗將飛機平安降落。

亂流

　　亂流的感覺十分可怕，飛機一上一下猛烈晃動，是不是會摔下去呢？不用緊張，一般國際線的飛機飛行高度都有一萬公尺左右，所以亂流再大，也不過降個百來公尺，要由如此高的高度摔下地面來，也必須摔很久的。

　　經常旅行的人是由外表看得出來的，只要見其安穩就座、不徐不緩，上機後既不緊張亦不興奮者，那多半都是老經驗了。他們通常還有一項特徵，就是人手一書，有些並不見得真在專心閱讀什麼，只是可以順手

翻翻打發無聊的時間，另一項妙用就是可以防止鄰座的攀談，尤其若遇到鄰座是一位較少坐飛機，或是急欲發展國民外交的旅客。所以下次你的鄰座符合上述特徵的話，別去打擾他！

▲搭乘小飛機時，常遇到不穩定的氣流，很可能會暈機，所以要事先防備。

Tip 機上保健須知。

◎易暈車者，出發前一小時服用暈車藥，可防止暈車、暈機、暈船，但有些藥會引起嗜睡的情形，應向醫師詢問清楚。

◎若因身體問題有特殊要求，如輪椅、額外氧氣供應、安排近洗手間座位，都可於訂位時告知航空公司人員，以便他們安排提供服務。

◎因個人體質不同，懷孕婦女搭機必須先請教醫師。有些航空公司規定懷孕六個月以上者不可搭機。

◎每隔一、二小時最好在飛機通道上稍微走動一下，以促進血液循環。

◎飛機著陸時，因空氣壓力增大，易引起耳朵疼痛，可以利用嚼口香糖、吞嚥口水、打阿欠或捏住鼻子吹氣、憋氣等方法，防止耳鳴等不適狀況。

◎如果是長途飛行時，下機後因時差的不同，易引起失眠、疲倦等症狀，最好依個人的狀況去調適，有時也可使用短效性安眠藥。其他定時使用的控制性藥劑（如胰島素或避孕藥），必須先請示醫師如何服用或調整，以免引起身體不適。

時差問題　Knowledge

　　經常出國旅行的人都常常有時差問題的苦惱，有些人是搞不清楚到底是幾點幾分，生怕耽誤了重要的事情，而有些人則是體內的生理時鐘大亂，以致吃也吃不下，睡也睡不著，整日茫茫然，不知今夕是何夕。

　　公元一八八九年在一個國際會議上，大家決議以倫敦附近之格林威治村為東經○度，並為正午十二點之地，由此每向東十五度則加快一小時，向西則減一小時。至此全世界的時間方才確定下來，統稱GMT，也就是格林威治標準時間幾點幾分，例如說台灣位在東經一二○度左右，所以就是GMT加八小時。日本則是GMT加九小時，所以日本比我們快一小時。

　　在此之前天下時間可以說是一團混亂，甚至在同一國家內，如英國為例就必須在火車鐵軌旁提醒旅客，這裡與倫敦的時差已是六分鐘了，別說是城市與城市間，就連村鎮之間也是自己有自己的時間，而各自依照自己訂的時間過日子，弄的大家都很不方便。一直到後來伯明翰商人奧斯勒以偷調自己贈送給政府時鐘的方式，才神不知鬼不覺的慢慢使英國的時間日趨一致。

　　照理說同在一經度內的地區時間應該一致了吧？並不儘然，例如歐洲與非洲國家的時區線就被劃的歪歪扭扭的，這是因為政治因素的影響，原來當時歐洲列強均有殖民地在非洲，他們希望殖民地與母國的日常作習能夠一致，所以才故意把時差線偏差。另外有些地方位為高山區，必須考慮日出時間，所以又有差三十分鐘二十分鐘等奇怪的時間了！

洗手間使用的禮儀

洗手間是我們日常使用極為頻繁的地方，也由於公共場所的洗手間是眾人共用的，所以在使用時就必須格外注意，以免影響了下一位使用者的情緒，而國外使用洗手間與國內有些地方是不太相同的，分述如下：

排隊

不論男生或是女生，如果在洗手間均有人佔用的情況時，後來者必須排隊使用，而排隊的方法是在整排的洗手間最靠外處，一般是入口處，按先來後到依序排成一排，一旦有其中某一間空出來時，排在第一順位之人自然擁有優先使用權，這與國內各人排在某一間門外，有點賭運氣的方式相當不同。如果貿然依國內習慣前去排在門前，必定會遭其他人怒目相視、甚至指責，而你可能還弄不清楚何以得咎呢！

使用

洗手間最忌諱骯髒，所以在使用時請盡量小心，若有污染也盡可能加以清潔。有些人如廁習慣不良，又不去善後，下一位倒楣的使用者只得皺著眉頭，在心中不停咒罵下繼續使用。

婦女生理用品，千萬別順手扔入馬桶中，以免造成馬桶堵塞，其他如踩在馬桶上使用，大量浪費衛生紙以致後來者無紙可用等，都是相當不

妥的行為。只要心中為後來的使用者想一想，自然而然很多事你都會考慮過後再做了。

沖水

有些地方的沖水手把位置與平常所見不同，一般大都是在水箱旁，有的在頭頂用拉繩來拉，或在馬桶後方用手拉，更有一些是在地面上用腳來踩的。事實上，用腳踩的方式是最符合衛生原則的，若是怕沖水時手被污染，則不妨用衛生紙包住沖水把再按沖水，當然你得迅速把最後一張衛生紙給丟下去才行。

用完後

在無人排隊的情況下，也不必把廁所門關好，應該故意留下明顯縫隙，讓後來者不需猜疑就直接知道裡面是空的，否則一定會關好門，這點與我們的習慣也不太相同。

飛機等交通工具上

在飛機、輪船、遊覽車、火車等交通工具上，洗手間是不分男女的，也就是大家共用，男女一起排隊是很正常的，此時也無需講究「女士優先」。

洗手間標示

　　每個地方的標記各不相同，一般除了用各國不同的文字註明外，也有不少地方是用圖案來標示的，男廁多是：煙斗、鬍子、帽子、枴杖；女士則多以高跟鞋、裙子、洋傘、嘴唇等來表示。

兒童上洗手間

　　稚齡兒童一般是可以和父親或母親一起使用洗手間的，但是不成文的規定是，母親可以帶著小男孩一起上女廁，沒有人會介意，而父親則不可以帶女孩上男廁的。

洗手間小費

　　在歐洲諸國，上洗手間是須付費的，客氣一點是在出口處的桌子上擺著一個淺碟子，用完者可以隨意放置一些銅板、角子等當做清潔費。嚴格一點的，則在入門處清楚標示如廁費用，有些要事先付費，你若不付費，看守者就不替你打開鎖著的廁門。還有一些用機械投幣式的，在進口設有自動投幣柵門，投下一個銅板，旋轉柵門就可以開一次，但也常見到外國觀光客一人卡住柵門，以利其他人免費擠進使用的情形，旁觀者均爲之側目。

洗手

　　原則上，用完洗手間者必定會去洗手，洗手檯旁也會有擦手紙與吹手機，一般習慣是先用擦手紙擦乾手，把用完之紙扔入垃圾桶後再用吹手機把手吹乾，而吹手機多為自動感應式並有自動定時裝置，所以不用考慮如何關閉電源的問題。

暫停使用

　　由於清潔工人會不斷巡視各洗手間並清潔之，在清潔時有時會拖地板，此時就可能會暫停使用洗手間，以免有人因此而滑倒受傷，此時會放上「Wet Floor」等黃色明顯的告示牌，若遇此情形，不可堅持使用，以免影響其正常工作，但可以向其詢問最近的洗手間在何處。

輪船上應注意的禮儀

　　使用遊輪渡假是一種比較特殊的旅遊方式。在高可達十餘層樓高度，重量可達六、七萬公噸的巨輪上，可以說是把五星級豪華飯店與當做交通工具的輪船合而為一。不但如此，還把旅客最喜歡的賭場、夜總會、餐廳等也加了進去，當然還有一些一般飯店內所沒有的飛靶射擊、全船尋寶，以及每日都排得滿滿的活動，如方塊舞、韻律舞、插花、烹調、橋牌、網球……等，五花八門、應有盡有。而且就算是找不到伴也沒有關係，因為船上的職員會善體人意地幫你先找好。

　　遊輪雖然有如此多的優點，但是畢竟空間較狹小，乘客最少也得相處個四、五天，因此也是必須注意國際禮儀的場所。

逃生演習

　　逃生演習務必要參加，至少了解救生衣放置的位置，至於救生艇以及漂浮物，則可以利用閒暇時自行前往了解其所在位置以及使用方式。如果對於船隻之結構、安全等有其他問題，詢問船員（不是服務人員），一般都可以得到滿意的答覆，若是一趟遊輪之旅下來，能順便獲得一些海上航行的知識，不是也是滿不錯的事嗎？

餐食

　　遊輪的一大特色就是餐食豐富，一天三次正餐外還會有下午茶、晚上點心等，至少一天五餐，此外還有一些是二十四小時開放的小型餐點中心，隨時去都有東西可以填飽肚子。所以開玩笑地說：想要減肥的人千萬別去參加遊輪之旅。餐廳一般多是屬自助餐形式，因此取餐、用餐、座位等之禮儀也必須注意遵守，應與正式用餐之規定相同，尤其是「船長之夜」時更須注意。

飲料

　　船上不含酒精的飲料（Soft Drink）一般是完全免費無限供應的，可酌量取用。有些遊輪上也供應酒類，以啤酒、紅葡萄酒、白葡萄酒等佐餐酒類為主，而且周全的光是啤酒就有麥根啤酒、黑啤酒、淡啤酒、生啤酒等好幾種，以供旅客不同的選擇。至於葡萄酒種類則沒有那麼多，只是純佐餐而已。這是一個免費嘗試不同口味酒類的機會，不妨每種都試試看，再選擇自己喜好的口味喝個夠，要注意的是，不要用同一酒杯喝不同種類的酒，用啤酒杯喝不同種類的啤酒並無不妥，但是拿來喝葡萄酒則會顯得不倫不類。

自費項目

　　船上仍會有自費活動項目，如船靠岸時之陸上觀光行程，一般旅客在上船時就會收到自費活動的內容以及收費標準，活動都必須預約並繳費的，一旦繳了費最好不要隨意變動，否則會造成工作人員之困擾，所以在決定參加前最好先了解清楚。若屬岸上活動時，俟大船靠岸後，依各人分配之車輛坐定開始遊程，途中一律不換車，原車去、原車回。不要上錯了別人的車，就算是同一艘船所租用的，一個人沒上車，全船都不能走，必須等到全員到齊才可繼續，所以守時、遵守規定也是必要的，讓上千人等一個人總是不太好吧？

服裝

　　早餐、午餐的服裝可以盡量輕鬆自在，畢竟是出來渡假嘛！但是晚餐、看秀時，尤其是「船長之夜」歡迎晚會時，必須盛裝打扮一番，國人可能不太習慣在渡假時打扮得正正式式、人模人樣的，只是為了去吃一頓晚餐，可是到了現場就會發現，還好是穿了正式服裝前來，否則真的可能會成為異類而無地自容呢。游泳池著泳裝、健身房著運動服概無疑問，但是在甲板上慢跑、快走時也算是運動，最好著全套運動服比較妥當。

小費

　　船上小費並不分開收取，而是統一由服務人員的領班逐一向旅客收取，以支付給各種不同的服務人員，如清潔人員、餐廳員工，以及其他所有看得到、看不到的服務人員。一般而言，大約是每人每天六至九美元，以天數乘開後交給領班即可，當然，這並非是強迫性的。

陌生人

　　「十年修得同船渡」，既是有緣能同在一艘船上，也不用再分彼此，見面時不管認不認識都不妨打個招呼、點頭微笑，若能認識一些異國友人，待他日造訪時不是會親切許多嗎？而且外國人會參加遊輪的旅客，多半都是教養良好、性情溫和者，與一般喜歡搭機飛來飛去連旅遊也求速成的觀光客，在個性上是不太相同的。

安靜與喧囂

一般來說，只要在甲板上，或是開放的空間，如游泳池、網球場等是可以恣意歡樂的，他人也不會介意。但是若是在室內，如觀景走廊、鋼琴酒吧等，有不少人只是想坐在那兒清清靜靜地看看遠處的風景，或是閱讀手中的書報，則必須放低音量與放慢腳步，盡量不要打擾到那些喜歡安靜的人，雖然船上並無明文規定那些地方必須保持安靜。

洗衣間

船的底層一般設有洗衣間，一切設備俱全，洗衣機、烘乾機、熨衣板都是免費使用，洗衣粉則必須自備，或是可用五角美金買一包。洗衣、熨衣時由於時間較長，一定會有機會與其他旅客相遇，相遇卻視而不見是不禮貌的，所以不妨主動打招呼攀談之，一方面可打發無聊的時間，一方面也可以多了解一些異國的風土人情，何樂不為？除非，你一句英語也不會說，若是如此，則以點頭微笑的國際語言表達善意即可。

生活禮儀　做個有禮貌的地球人　150

火車上的禮儀須知

火車只是一種統稱，事實上，它包含了火車、電車、高速車（如TGV子彈火車、日本新幹線等）、登山火車等，凡是以一節或一節車箱以上的車輛，定時來往兩地均可稱之。在國外居住的人，經常有機會搭乘火車，以下是相關的須知：

月台

如果是在大型車站搭車前往其他地區時，則務必提早抵達，已有車票者在三十分鐘以前到達，沒有車票者最好在一小時以前能抵達車站是比較妥當的，但是如果還牽涉到離境檢查，購物退稅（VAT）等時，則就必須更加提早一些了，因為跨國火車站裡總是人潮洶湧，比起國際機場是尤有過之的。大型車站有的有幾十個月台，到達車站後最好先察看一下車站的地圖，以免跑錯了月台、耽誤了班車。一般月台的分區都有一定的原則，如東行在一至十號月台；西向則在十一至二十號月台等，抵達月台後再向站台值班人員確定一下就更保險了。

購票

在車站的大廳內有售票處，有些先進的國家都已經使用自動購票機了，只要先輸入起訖站名以及車廂等級，立刻就完成購票手續。如沒有

把握則可以先去詢問檯（Information）詢問清楚，順便再要一份火車時刻表，以方便自己的可能調整行程之用。購票時宜弄清楚自己欲前往之站是否火車會停靠，有些小站並不是每一列火車都會停靠，上錯了火車可能會很麻煩的。

票價

　　一般來說，來回票會比單程車票便宜得多，例如說倫敦到愛丁堡票價為六十英鎊，而來回票則只需要六十五英鎊而已。但是便宜的車票必有其限制，有些規定三天之內要使用完，有些則規定不能回頭使用，就是去與回不能走同一路線，繞一個圈則無妨；有些則又規定加上十英鎊，則沿途可以無限制上下車，甚至分支點的連接巴士、渡輪也可免費享受。所以，多花一點時間弄個清楚吧！

行李

　　火車站多會有行李服務員（Porter），一般是論件計酬，而且一律穿制服、配掛識別證，只要出示車票，他們總是很快地帶你找到正確的月台，而且他們收費都有一定的標準。火車抵達後可以上行李，有些火車如子彈火車等，規定所有行李必須送上某一指定車廂，抵達目的地後再行卸下。而旅客隨身行李則可帶入客車廂中，這是因為客車廂中並無行李架可供放大型皮箱，如果放在客車廂中，勢必妨礙過往的旅客行走。

有些地區的火車則規定所有行李一律隨身，客車廂中頭尾兩端會有適度的空間放置大行李，某些車廂的較高處也有堅固的行李架可供使用。此時必須注意的是，在抵達目的地之前就必須把大行李先拖到火車門旁，一旦火車停妥後立即搬下車去，否則等旅客都下光了你才在搬行李，則場面一定會很緊張，一方面急著搬動笨重的行李下車，一方面心裡焦慮火車是不是馬上就要開動了。

對號入座

常坐火車的人一定知道車票上面會有兩個號碼，一個是車廂號碼；另一個則是座位號碼，請務必按照上面的號碼就座，否則會很狼狽。多年以前南韓剛開放觀光，有一次在法國的TGV子彈火車上就曾看見一群韓國旅客，在沒有經驗的領隊帶領下，因為不了解此規定，而被其他的旅客一連驅趕了好幾節車廂，一群人滿臉疑惑與羞慚，心中不解未何明明買了車票，還是找不到座位。經我善意指點後總算學了一課。

飲食

大部分車廂都會規定，一律禁食、禁飲（礦泉水等則可），這是為了維護車廂內的環境衛生，否則再多的清潔人員也無法保持環境的良好。如果想要喝點飲料或是用些點心，則可以去餐飲車廂，而長途火車以及觀光火車還會有正式餐飲服務，待火車開動後自然會有服務員前來告訴

旅客何時前往何處用餐，至於必須分批前往的原因則是因爲餐車一般容
量有限之故。

禁煙

禁煙規則不太一定，一般會有區分禁煙與不禁煙車廂兩種，在禁煙車
廂是一律禁煙，若有癮君子煙癮難耐，則可以前往不禁煙車廂尋空位補
充一下尼古丁。

販售

有些火車上會販售一些紀念品，如瑞士的冰河列車上販賣一種斜底杯
十分有趣，也就是在火車爬坡時，桌面上所有的杯子都會因坡度的關係
變成斜的，但此時反而只有斜底杯會因爲杯底的斜度與坡度相合，互相
抵消反而變成水平狀的。更特別的是，這種杯子只有在冰河列車上才買
得到，所以銷量奇佳，一上車就被搶購一空。在印度的火車上，則有穿
梭的小販沿車廂叫賣各式各樣的食物、飲料，有印度爆米花、便當、咖
啡等，不用去品嚐，光是在一旁欣賞他們的調味花招就十分有趣了。在
某些站則會有丐童上車搶收空保特瓶以便換退瓶費等，但在沒人注意的
情形下，財物不翼而飛的情形也時有所聞。

安全檢查

在情勢比較緊張的地區，常會有安全檢查，車站上軍警戒備森嚴、如臨大敵，有時並會攜警犬登車搜索，以期發現槍械、炸彈等危險物品，此時只須從容靜坐，待其完成任務即可，不用害怕狼犬，但也不可逗弄牠們。

補票

若上車匆忙而來不及購票，則可以在車上向驗票員主動要求補票，如果沒有購票會在抵達終點時被依逃票加以處罰，不可心存僥倖。

洗手間

車廂頭尾兩端都有洗手間，也和飛機上一樣是不分男女的，而有一點不太一樣的就是火車在進入車站與離開車站前，也就是火車處於靜止狀態時，一般是禁止使用洗手間的，可能是怕車站變成超級大廁所吧！

違禁品及海關申報

違禁品

在我們上飛機、輪船等交通工具前往國外旅行時,在登機、發船之前,一定會有非常嚴格的安全檢查,這些檢查的目的在於確定旅客未攜帶任何會危害航行安全的物品,著眼於全體旅客之安全,所以是非常重要的。尤其是在一些情勢比較敏感、緊張的地區,更是嚴近於苛,譬如說以色列、印度北部喀什米爾地區等,都是非常著名的例子。

以色列由於國境四周皆為敵境,國內又有回教恐怖分子,無時無刻都在試圖以人肉炸彈的自殺方式來攻擊以色列的百姓,所以這數十年來早已養成了全國上下的高度警覺心。而在機場、邊境檢查更是非常嚴格,安全官會把旅客行李逐一打開檢查,只要見有可疑物品一定盤問到底,若還不放心,就再用X光仔細掃描一遍,以求完全無疑。甚至連牙膏、肥皂、相機等一樣也不放過,盤問時還不斷察言觀色,企圖找出破綻與任何可疑的蛛絲馬跡。

喀什米爾則由於長年與巴基斯坦的邊境糾紛懸而未決,所以常有邊界糾紛發生。只要稍微有一點風吹草動,雙方立刻進入備戰狀態,不但隨時有可能宣佈戒嚴宵禁,而就算是觀光客在前往機場的途中,也會不斷被路邊嚴陣以待的軍警人員扣留盤查,以圖找到潛伏的間諜分子,最高紀錄曾有觀光客被盤查了十二次之多。

　　此外，在倫敦的機場內有時也會突然宣佈臨時搜查行動，這是爲了防止北愛游擊隊的爆炸滋事。搜查完全是臨時的、突然的、無預警的，擴音機會宣佈機場內所有人員一律站在原地不得移動，然後突然間冒出了許多全副武裝的安全人員，荷槍實彈逐一檢視在機場內的旅客，遇有可疑人物立刻團團圍住仔細搜查。不過由於主要是針對北愛暴徒，所以東方面孔的旅客從來是不被騷擾的（除了多年以前日本赤軍旅鬧得兇時例外，那時有不少台灣旅客會被懷疑是日本人而被投以異樣的眼神，直至出示護照後方才脫身）。

　　在登機（船）前之安全檢查一般會有以下限制品：

☆槍械、子彈

　　不論是何種槍枝，獵槍、魚槍、長短槍等均在列管範圍。即使是可合法配槍者如警察人員也是一樣，必須將槍枝交由機上安全人員鎖在保險箱內，待抵達目的地再予以發還。在飛機上只有一種人可以配槍，就是安全人員。他們的任務就是保護機上所有人員的安全，所以必須配槍，以備一旦有人生事時可以迅速壓制，他們在機上身著便服，舉止與一般乘客一模一樣，只要沒有事情發生，是不易被認出來的。

☆玩具槍、改造槍、道具槍

　　一律禁止隨身攜帶假槍，因爲不少劫機案最後發現歹徒用的竟是假槍，只是在當時危急的情況下，是沒有人膽敢以性命做賭注，去一探槍枝的眞僞，也因此劫機犯常得以逞其計。

☆汽油、酒精等易燃物品

幾年前台灣才發生了火燒飛機的事件，造成人員的傷亡，原因就是有人攜帶了汽油上機，終於引發了憾事。這就是安全檢查出了致命的漏洞，而事實上，整架飛機沒有被炸燬已是萬幸了。還記得以前有好幾次劫機犯是一手拿著汽油，一手拿打火機來劫機的鏡頭嗎？

☆炸藥、噴霧器

炸藥被禁的道理是顯而易見的，但是為何連噴霧器也會被禁呢？這是因為有些噴霧器會讓人瞬間失去抵抗能力，同樣可以達到劫機的效果；另外有些噴霧器雖然只是美容、美髮等用途，但是由於罐內壓力過高，這些瓶瓶罐罐在平時完全沒有問題，但是在飛機失壓狀態下就有可能會爆裂，引發非常嚴重的後果，所以也被列入管制。

☆刀械

包括菜刀、水果刀、剪刀、大花剪都在內，只要是有殺傷力的一律強制託管。另外電擊棒、手銬、長鋼釘等有可能變成攻擊性武器的，也都必須在登機時暫時分開保管。

☆化學藥品

硫酸、硝酸等強酸、強鹼類固然是不用說，有些作用不明或是成分不清者也是一律被禁登機，或是以人、物分隔保管為原則。

☆過大的行李

有些旅客由於行李太多，於是除了合法托運一件大皮箱之外，還設法手提一件大行李上機，以節省行李超重的費用。可是如此不但航空公司的收益受損，而且若人人均搬大行李上機時，極可能危及安全，倒不是載重的問題，而是客艙內並無放置大行李的地方，若放在機上走道，在飛機迫降時可能妨礙緊急逃生。

海關申報

在抵達國外海關時，必須填妥海關申報單，以向該國政府申報隨身攜帶的物品。而這些海關物品之限制會因每國國情不同而有所差異，最好在填寫前仔細閱讀一下相關之說明比較妥當。

☆毒品

所有國家一律禁毒，就算是非常開放的荷蘭也只是准許個人攜帶少量的輕毒品，如大麻之類等。若是攜帶嗎啡、海洛因等毒品入境，新加坡、中國大陸、我國等會有可能被處以死刑的。這也是為什麼經常出國的旅客都知道絕對不幫人攜帶任何物品，也不讓自己的行李離開視線之故了。因為很可能一條煙、一盒巧克力、一個可愛的玩具，其中就藏了一些不為人知的東西！

☆貨幣超額

一般國家都會明示，每一名旅客可以攜帶多少的該國貨幣以及多少的美金現金出境，違者將遭沒收、罰鍰之處分。入境則一般多無限制，但是必須據實以報。在落後地區以及外匯管制國家，其金融檢查尤其嚴格，以免有心人士帶來或帶走大量的本國及美國現金，引發金融秩序的混亂。其規定是以現金為準，至於旅行支票等，雖也是有價票券，視同現金，但是不屬於管制之內。

☆貴重物品

身上帶了太多的貴重物品，即有銷售獲利之意圖，所以鑽石、黃金、寶石等貴重物品不宜攜帶太多，超過正常之所需即有可能令人起疑，會被仔細搜身盤查。在落後國家如越南、緬甸等，申報隨身貴重物品時，項鍊、戒指、手鐲等固然必須填報，連一些我們認為不是「貴重」的物品也一項不能少填，否則在出境時會有問題，例如普通手錶，傻瓜相機、打火機等。

國內有不少同胞學習西藏密宗，往往在前往尼泊爾等地求法時，會替同門攜帶黃金到該地寺廟，以便為佛祖鑲金身（台灣黃金價格比較低廉），但是若是被海關人員查到，不但黃金會被沒收，當事者還有可能會依走私黃金罪被判刑坐牢，千萬小心！

☆保育類動物、植物等

每一國家規定均有所不同，不過由聯合國宣佈過的項目種類最好少碰為妙，如象牙、犀牛角、虎骨、虎鞭等。犯者不但損失金錢，並且有損國家之形象，實在非常不智。幾年前有一名不丹的公主（當時國王之阿姨）攜帶了六支犀牛角來台灣販售，不過在中正機場就被海關查獲，犀牛角全數沒入，當事者則從寬處分，遣送回原居地了事。不丹百姓看了當地報紙後並不感到丟臉，只是感到不解：為何公主私自掏腰包買了犀牛角（不丹本身並無犀牛，鄰國尼泊爾及印度才有產）去台灣賣，結果錢沒賺到，反而東西被沒收，人也被趕了回來？

☆水果、食物等

這是為了怕物品上帶有病菌或害蟲，在原產地可能無妨，但另一地可能由於沒有天敵而釀成巨災。歷史上有不少類似事件，如十七世紀歐洲黑死病、中南美洲的印地安人大量死亡，以及台灣的口蹄疫等皆是著名的例子。這一點在以農牧興國的澳洲、紐西蘭以及美國是尤其嚴格的。

☆反政府物品

在共產國家若帶有反共產之書籍或標誌是非常嚴重的事情，必須小心。如前往德國、以色列時，必須避免任何與納粹有關的物品，如皮帶環、鍊子等最好不要有「卐」字圖案；德國由於受納粹之迫害極深，不要說是相關的物件，就連在街上開玩笑地行希特勒式舉手禮，都會遭到過往行人的喝止與干涉。在阿拉伯國家旅行，若有任何與以色列有關

之物如大衛之星等，一定會被刁難盤查，嚴禁入境。若是護照上蓋有以色列之入境章者將被拒絕入境，不可大意。所以入境以色列時必須請官員把入境章蓋在其他空白紙上代替之。以色列官員會習以爲常地開玩笑道：OK！那麼要蓋在哪兒？衣服上？手臂上？南非共和國以前實行黑白種族分離制度時，也被非洲各黑人國集體抵制，只要有入境南非紀錄者一律不准入境非洲各國。現在由於黑人掌權，情形已大有改善。

☆仿冒品

在重視著作權的國家，如果攜帶仿冒品，如CD、書籍等，將被沒收且有可能罰鍰。以前台灣有不少盜版產品，老百姓不明就裡，花錢買了盜版貨品，在國內使用沒有問題，但是一到國外，尤其是美國時，往往被沒收又罰款，自己卻還莫名其妙。

☆中文書籍

某些國家如印尼，素來以排華著名，不准境內有任何中文字的出現、不准用中文名、不准讀中文書，甚至因噎廢食，不准任何旅客攜帶中文書籍入境（主要是有關政治、思想、歷史方面者），以免境內華僑受到外來勢力之煽動、蠱惑。這種作法不但離譜，更是全世界所罕見。

自行駕車禮儀須知

租車注意事項

　　愈來愈多的遊客喜歡在國外自行租車旅遊，一方面比較方便且時間也較好控制，另一方面可以深入當地的一些小地方，此外旅遊點可隨機調整、替換，較符合自助旅遊的精神。雖然是好處多多，但是無論如何，畢竟是人在國外，有許多事必須事先注意。

☆租車車型

　　應以方便、好開的中小型自排車為主要考量，務必注意車齡與廠牌，最好能租到自己熟悉的車型，以省略摸索的時間。

☆車況

　　租車時馬上了解車上所有按鈕功能如何、使用何種汽油、水箱、雨刷水的添加方式、備用輪胎及工具、備用鑰匙等必須完全了解，然後先開車繞行附近道路，親自體會一下，如果都沒問題再承租。

☆地圖

　　緊急求救電話（注意是否跨國）、加油站分佈圖、汽車旅館分佈圖等。若會經過人煙稀少地區，最好再租一支大哥大，以備不時之需。

☆保險

一般而言，保險費多半不包括在租車費內，最好事先問清楚，務必保全險比較有保障，尤其是在人生地不熟或是治安不佳的地區更不可省此小錢。所謂全險應包括碰撞、竊盜、失竊、損毀等諸項。

☆還車

了解還車的地點，最好選擇都市內的飯店、機場等地較佳，以及是否有人來取車、更換還車地點是否須增加付費等。

☆駕車

千萬遵守當地交通規則（美國甚至每一州規定都不同）、違規處罰方式（最好準備現金以防被罰），靠左行駛的國家在轉彎時務必小心，極有可能會開往對面車道去。

☆禮讓來車

在狹道或是窄橋等地，務必禮讓來車以示風度。來車閃大燈代表「前有交通警察」或「請你先行（此點與國內正好相反）」。

☆禮讓行人

避免開上單車專用道、電車專用道等，經過行人穿越線、社區、學校、醫院等務必禁聲慢行、禮讓行人（國內開車的諸多惡習萬不可在此展現，因為國外行人自小極受尊重，不會料到會有人如此開車，所以極易肇事）。

☆**旅行指南**

　地圖、旅遊書等不可放在駕駛座前明顯處，這樣只表明車主是一位遠地來的觀光客，如此極易遭歹徒偷竊。

☆**備用鑰匙**

　備用鑰匙務必「隨身攜帶」。

在美國駕車應注意事項

　在美國駕車更須謹慎，由於每州規定不一，現綜述如下：

◎坐在前座務必繫上安全帶，這不僅是行駛中的限定，連鑰匙插入鑰匙孔中，雖未發動車引擎亦視為行駛中，動態中違規罰則非常重。

◎前座不可放酒精類飲料，只要放置均從嚴認定，不管是喝了沒有（政府認為你有意圖）。

◎經過行人穿越道，務必煞車暫停（哪怕是半夜十二點），否則將被視為闖越行人穿越道，不但被重罰，更有可能被吊銷駕照。

◎與前車須保持一定距離，一方面是為了安全之故，一方面貼車太近會使得前車緊張，就算不出事，也會使駕駛不悅，更不可以用鳴喇叭、閃大燈等極其粗魯的方式迫使前車讓道。

◎慢速車應該走外側車道，以免其他車輛超車不便。

◎轉彎進入另一條道路時，仍必須遵行自己原本之車道，不可以一轉彎就突然插入他人車道，如此可能造成旁車之措手不及，緊急煞車。

◎暫停泊車必須看清楚，不可隨意泊車影響到了過往車輛，尤其是RV等大型休旅車，更是不可隨意停放。違規者不但會被取締罰款，若因而出事，更可能吃上官司，千萬不可大意。

◎不可隨意將煙頭、紙屑等扔出車外，這不但是不道德的行為，更可能因而引發森林火災，若被抓到可就吃不完兜著走了。所以最好在國內就能養成良好的駕駛習慣，以免遭受外國人之鄙視。

◎上高速公路前，在美加地區均嚴格規定，在匝道上匯入高速公路車道前必須完全停止，看清楚同向車之間有足夠之距離（所謂足夠的意思是較國內足夠的標準放大個五倍），方才可以切入，否則交通警察一定開單告發。

◎在國外駕車若被警車示意靠邊停車檢查時，必須沿路邊停車受檢，坐在座位上靜待警員前來查察證照等，不要自行下車和其理論，此外雙手也必須放在方向盤上，明示自己未攜帶武器，不要做出突然的舉動，以免警員出槍，美國是槍械開放的國家，警察的警覺性極高，千萬不要有不必要之動作。

◎若是真的違規，可以委婉告知自己是外國公民，不十分了解規則，若是情節不大、態度良好，一般多是告誡後即放行。

◎租車就算以現金付車租,租車公司仍會要求預刷一張空白金額的信用卡單以防萬一:「萬一」違規被告發;「萬一」車子損毀而駕駛不願負責;「萬一」出了車禍產生額外的費用。但是如果駕駛在租車時購買了全額保險,也就是竊盜險、第三責任險等均包含在內的全險,租車公司就比較不會堅持,因為就算發生了任何事,均有保險公司負責,不用租車公司擔心。

◎未滿二十五歲之駕駛,租車公司會增加租金,這是因為根據調查,一般在滿了二十五歲後肇事率比二十五歲以下者低了許多,可能是心智已較成熟,情緒也較穩定。

◎租車時若同伴中有租車公司該國籍之駕駛,則雖租金一樣,但保險費會便宜很多,所以盡量用他的名義來租車可省不少錢。租車的全險保險費相當高,例如說車租一日五十美元,保險費竟可高達二十五美元左右,如果以租車一週計算,則光保險金就很可觀了。

◎在駕車途中若不幸發生嚴重事故,則應立即通知租車公司,請即派公司之職員前往現場處理,若是發生人員傷亡,則一定要通知警方前來處理,否則保險公司理賠時會有糾紛。

◎駕駛只有一人和兩、三人輪流駕駛,保險費亦不同,因為人多駕駛風險也相對較高,保費自然也會提高。

坐車禮儀

車內座位之大小順序要看是主人開車或有司機而有不同。如是搭乘計程車，或是有司機駕車者，應該以後座右側之座位為最大位，後座左位次之，再其次為中間，而司機旁之座位為最卑位。國內常見男女朋友一起搭計程車時，男士總會先打開車門讓女士先行進入，俟其挪至左邊後，男士再行坐上右邊位子，這是完全不合乎正式西方禮儀的。正確方式應該是讓女士入後座，再繞到左邊車門自行開門入座，當然如果左邊臨馬路，交通繁忙時則又另當別論了。如開車是友人，則他旁邊的位子是為尊位，其次依序是後座之右位、左位及中間位置。

勞斯萊斯改裝成垃圾車　Knowledge

　　幾年前曾有一位計程車駕駛，由於開的是賓士轎車，造成媒體轟動，競相採訪、報導。而如果是身在德國的話，就算你開的是賓士或是VolVo，在路上都可能有陌生人會向你揮手：把你當成計程車！因為在當地計程車大部份都是賓士，剩下的則多是VolVo。

　　世人公認最昂貴的轎車是勞斯萊斯，能擁有一部的話則身價是不言可喻，本世紀初，這種象徵財富的名車有不少竟是輸往落後的印度地區，原來當地的土王爭相競購以炫耀其財富，例如說有一人總共買了三十八輛，而另一人則一次買了八輛，還有一人各種名牌汽車竟然有四百五十輛之多，而每一輛都有專屬司機及洗車工人負責保養。

　　有的地方山路崎嶇車子運送困難，於是遇山用挑夫，遇河則用木筏，還是把車扛到了目的地去交車。有些人把勞斯萊斯改裝成裝甲車，有些人改裝成狩獵車，以方便到森林中去打獵。這些還不算什麼，更讓人驚訝的是有人在賭氣之下居然把六部勞斯萊斯統統改裝成垃圾車！

　　原來有某一位皇室人員一口氣買六部勞斯萊斯以炫耀自己的財富，後來覺得其外型不夠炫麗，於是要求該廠加以改裝，但是勞斯萊斯廠告知這是從來沒有過的事，娓婉拒絕其要求。

　　皇室人員一怒之下下令把六部全新的勞斯萊斯統統改裝成垃圾車，每天在大街小巷收垃圾！

搭乘電梯的禮儀須知

在電梯內應注意下列事項：

◎進入電梯後請立即轉身面朝開口方向或是面朝中心亦可，不可面朝四壁與人目光對視、大眼瞪小眼，十分尷尬不妥。

◎電梯內空間狹小，應保持安靜並禁飲、禁食、禁煙，切忌高談闊論、隔空喊話。

◎站立於電梯按鈕旁之人，有榮幸及義務替其他同乘者服務，可主動詢問各人欲前往之樓層，並替他們按鈕服務，其他人則應致謝，最好不要自行伸長手臂翻山越嶺地去按鈕。

◎殘障人士、孕婦、老弱等，有優先進出電梯的權利，其他人必須盡量挪讓空間予以方便。

◎如果剛巧看見有人急奔而至，想搭電梯而門又即將關上時，伸出援手吧！舉手之勞可以讓他省下不少時間，他無言的感激可讓你增壽。

◎身上若背了背包或拿了許多東西時，務必小心進出電梯，以免無心碰觸到他人引起不快。

◎行動電話響起時，請務必壓低聲音盡快通話完畢，在如此狹小的空間內，別人想要不聽你的談話都不可能。

◎奉行「女士優先」的信條，如果你是男士則必須為其擋門、按鈕，如果你是女士的話，只要點頭微笑即可，最多說聲，謝了！

步行的禮儀須知

徒步行走時應注意下列事項：

◎注意該國家地區的車行方向，一般而言均依此方向在人行道上行走，或上下樓梯。

◎萬不可擅自穿越馬路，如有受傷情事由行人負全責，不但不獲賠償且須負法律責任。

◎不可在人行道或在單車專用道（多為橡膠面，上面繪有單車圖案）上閒聊妨礙他人行走，影響單車行進。

◎在某些地區如劍橋大學等，在校園小徑上，若遇到教授等地位崇高者時，須側身禮讓表示尊敬。

◎手執雨傘行走時，須注意身旁之人避免刺到他人。

◎路上禮讓殘障者、孕婦以及年老之人，讓他們順利先行。

◎在教堂內遇見神父或祭司時，也請側身禮讓表示對神職人員的尊敬，在佛教國家則應禮讓和尚、尼姑先行。

◎行走時最好能抬頭挺胸，步伐與擺手最好能配合得宜，如此必能顯露出自信與謙謙君子之迷人風采，讓人能望之儼然，即之也溫，留給人良好的印象。

◎與其他人一道步行時，須注意自己行走的速度，盡量配合其他人較為妥當。

◎遇有殯喪隊伍經過時，行人須肅靜、脫帽（如果有戴帽子的話），以向逝者表達敬意。

◎在公園內或教堂旁巧遇新人時，也應側身讓他們先行，畢竟新娘子是最大的，其次是新郎。

◎行走時不可將手插在西裝褲口袋中，如此將顯得笨拙，而更不可插手入西裝上衣口袋內，不論站立時或是行走時都是一樣，絕對不可以！

◎女士行走時，不宜把皮包斜背在身，有如小學生背書包一般，雙手往兩邊甩，皮包上下擺動，要多難看就有多難看，似乎全世界也很罕見婦女如此奇怪的背法。有時候我在想，真不知誰是始作俑者，不知道多少次外國友人問我為何貴國婦女會如此背皮包？我只有苦笑，無言以對。就算是要防扒防搶，也只須背皮包於近牆的一側即可，實在無需如此醜化自己。事實上只有兩種皮包適合如此背：一種是少女用小巧可愛的迷你小背包；另一種是布織的方扁型女性自助旅遊者常用的背包。

搭乘渡輪的禮儀須知

在旅行時，有時在海灣的兩岸、寬廣的湖泊以及河流等，由於附近沒有橋樑，所以過往行人以及車輛都必須靠渡輪來橫渡。有些渡輪較小，僅可渡人，而有些交通特別繁忙的地方，不但是人車均可一起登船，其至大型巴士、火車都可以一道渡海，甚是有趣。

準時到達

一般渡輪對於旅客和小型車輛是不需預約的，依照先來後到的優先順序排隊登船；如因搭載不下，則必須等下一班船。而大型車輛由於甲板的空間有限，所以都必須事先預定，而若提早到達剛好又有空間時，船公司會允許巴士提早渡河。

排隊候船時

排隊候船一律是人車分道，大巴士一排，小汽車一排，行人則不用排，待船靠岸後，直接走入船艙內，每條等待線前端都有工作人員以手勢指揮各車依序排隊，井然有序。

船票

渡輪的收費一般是人與車分開計費，例如說一部小汽車收十美元，但

每人還要再收三美元，如果車中共乘坐四個人的話，則一共須付二十二美元了。如此收費是因為小汽車一樣要佔一部分空間，所以也要收費，而有些公司會給予優惠，如大巴士一百美元，但可免費扣除二十五名乘客，不足人數不退費，超過者則依人頭再收費。

自由活動

在人車登船後即可自由活動，只要在渡輪抵達彼岸前約十分鐘返回車內坐妥即可。但是千萬不要遲到，否則船內的車子是一輛緊挨著一輛，一部車停止不前，後面的車就會被堵住。

所以若是車中有人未回定位，工作人員仍會強迫車輛先行登岸，再伺機找空間靠邊停，以候遲到者，不過通常已是很遠的距離了。因此，在船上自由活動時若聽到廣播請旅客返回車內時，或見眾人不約而同走回底層的座車時，你也應立即加入他們，當然事先問清楚抵岸時間是更保險的做法。

設施

渡輪上的不外乎簡餐檯上賣些三明治、咖啡、果汁等，另外兼賣明信片、地圖等紀念品，還會有洗手間、電話間、休息艙及觀景甲板等。

免稅商店

長途渡輪則另設有免稅商店，若是來往於兩國之間者則兩國之貨幣均收。有些還有臥艙、酒吧、賭場、舞池、樂隊表演、電子遊戲間、健身房，以及好幾個口味不同的餐廳，幾乎可以說是海上的觀光飯店。

緊急逃生演習

長途渡輪會舉行海上緊急逃生演習，要求所有旅客在某一時間全體在廳中集合，各自帶艙房內的救生衣赴會。集合完畢後，工作人員會介紹船上的逃生口在何處，救生艇在哪裡，多少人乘一艘，以及如何穿脫救生衣，並要求所有乘客當場試穿看看有沒有問題，之後請大家脫下救生衣後再返回艙房，免得大家身著臃腫的救生衣會在進出口擠成一團。

暈船

若遇海上風浪大時可能會暈船，若知自己有可能會暈船則可事先服暈船藥，進餐時也不要吃得太飽，比較烈的酒類也不宜多飲，否則情況定會雪上加霜。另外就是盡量睡在下鋪，且要準備足夠的塑膠袋備用。

娛樂設施

在船上的娛樂設施大多數是免費供應的，所有旅客均有權利自由使

用，所以不論是乒乓球、撞球、電子遊戲等，應該大家輪流玩，也不妨一起玩，順便認識新朋友。有一次在某渡輪上看見一名年輕女士，一個人怯生生想要使用健身器材，可是似乎不太會用，又一個人沒有同伴，正在不知所措的時候，我主動邀她一起運動，她欣然同意，沒有多久我們就有說有笑熱絡了起來。後來我才知道她是位女醫生，我也請教了她不少醫學方面的常識，直到現在，我們仍然偶爾用E-mail聯絡。

配合船上規定

其他方面則必須配合船上的規定，如用餐時間（有些船票含餐食），三溫暖的服裝，穿或不穿，或穿什麼服裝，使用前的清潔規則，酒吧、Disco Pub的服裝，何時可以參觀駕駛艙與船長合影等。

注意安全

自從電影《鐵達尼號》創造奇蹟後，不少年輕人，甚至中年人，總是會想辦法拍一張二人站在船首飛翔的標準照，此時一方面要注意安全，另一方面也請給其他在旁等待的「蘿絲」一點機會吧。船上風浪大時，在甲板上要小心帽子、洋傘等物品，以免隨風而去永不復返。在船舷拍照時也不要把照相機超出船舷以外，萬一船晃動則相機亦有可能落海。

若遇陰雨天時，甲板及樓梯可能溼滑，行走時也務必放慢腳步，以免失足跌倒。

搭乘計程車的禮儀須知

國外計程車一般是由接到召喚電話時即按錶計價，而不是接到乘客後再開始計價。有些國家的計程車，如英國、法國等，前座不准坐人，這是政府規定，否則司機會受罰款。抵達目的地後，多會以不用找零等方式給予司機小費以示感謝，一般來說約是車資的十分之一左右。

招呼站

有些國家的計程車在某些區域不可隨招隨停，必須在設有計程車招呼站之處，才可以停車載客，而下客則無規定。但如果在路上剛巧碰到有人下車的計程車，則當然可以直接上車。

目的地

由於大多數的計程車駕駛不見得會說英語，所以事前就將前往之目的地問清楚，或是以紙條記下地址名片的方式，清清楚楚地告知司機，以免到處找仍不能抵達就不好了。練習用當地的語言來說明目的地也是不錯的方法，因為如果你以英語發音來唸法文或是義大利文，則司機多會一頭霧水，這正如你在台北向司機說目的地是The Grand Hotel時，有幾個司機會真正聽的懂！

費用

　　原則上，既然叫做計程車，理應以里程之遠近來計費才是，但是在落後地區則必須事前談好價格，方才妥當。問清楚由A地到B地一輛車是多少當地幣，免得遇到不肖司機會在叫價時故意模糊，抵達時卻聲明是以人數為單位計算時，那就有得吵了。有些計程車見坐的人數多時也會加收一些費用，還有若是攜有大型行李時也有可能加收，所以先問清楚比較保險。

糾紛

　　當地計程車司機見是外地觀光客，有可能伺機敲竹槓，若是據理力爭不成時，最好記下車號、地點以及收費之金額，然後向當地之觀光機構據實申訴，所損失的金錢不一定拿得回來，但至少給這些非法之徒一點不良紀錄，保障日後前來的其他遊客。

基本禮貌

　　與司機對話時請以禮貌話語對待之，請、謝謝、麻煩你等用語可盡量使用，一方面表示你的教養，另外一方面不要忘了，你乘車時的安全正在他手裡啊！此外，若是忘了東西在車上時，也比較有機會找得回來。

最佳計程車司機

　　世界公認最佳的計程車司機為：新加坡、德國、倫敦、紐約。這是以其服務的態度、路況的掌握、車內外之整潔以及糾紛發生的頻率等，共同加以評分而獲得的結果。

庫柏（Copper）的故事

風光明媚的湖濱區位於英國本島的中西部，也就是在英格蘭的最北方與蘇格蘭交界的地方，地勢平坦，湖泊、山川環繞，自古以來即是世人嚮往的勝地。自從十九世紀出了以華茲華斯（Wordsworth）為首的湖濱詩人後，更是聲名大噪、遊人不絕，一方面可尋幽訪勝，另一方面亦可一睹詩人們的故居遺物，沾一點脫塵絕俗的靈氣。

初抵湖濱區時選擇的第一站是最大的小鎮溫德米爾（Windermere）。在滂沱大雨中步出火車站，隨即攔下一輛計程車，直奔投宿的民宿，老司機庫柏（Copper）替我提行李至廊簷前，我想付車資卻為他所拒，庫柏說沒關係，只須記帳即可，說完就掏出紙筆記下：朱立安（Julian）欠三點五英鎊，並給我一張名片說，這兩天若有用車可直接打電話給他，車子馬上就到。一個陌生人在一個陌生的地方，居然被人如此的信任，實在令我又驚訝，又溫馨。

湖濱區不但山明水秀，而且人情醇厚。民宿的女主人溫蒂（Wendy）熱心賢淑，不但屋內打掃得一塵不染，擺設裝飾也是匠心獨運，給人一種家的感覺。院中的花草樹木井然有序，修剪得賞心悅目，將世界著名的英國園藝發揮得淋漓盡致。每天清晨即起，打掃室內屋外，待投宿的旅人起床時，餐桌上早已擺著熱騰騰的英式早餐。晚上拖著遊罷疲憊的身軀按門鈴時，又可見溫蒂笑臉迎人地引你入門，除了詢問一些白天的旅遊活動外，若有不甚明白或疏漏之處，她也立即為你說明更正。不但如此，還會和你一起討論明日的行程，給你最佳的建議，甚至會推薦你哪家餐廳口味道地，價格公道，及至親身一試，其言果然不虛。

離開湖濱區的那一天，也是庫柏來接我去火車站，我除了付清數日來的帳款外，也依照禮數多付了百分之十的小費。在車站候車時，我突然發現

回倫敦的車票不見了，遍尋不著下，只有準備上車再補票了。雖然損失不輕，但也無計可施。就在火車進站前的十分鐘，忽然聽見有人叫我，回頭一看，只見庫柏笑嘻嘻地，一隻手藏在背後地問我：「朱立安，你在找什麼啊？」然後，高舉著拿著車票的手對我搖晃。

　　誰說英國人冷漠？誰說英國人情淡薄？水仙花讓人驚豔一時，永誌在心，湖濱區的風情，雖然僅尋芳數日，然已飽覽其山水精華，但純樸淳厚的人情更如華茲華斯詩集中的水仙花般常浮上心頭，永難忘懷。

Knowledge

搭乘巴士的禮儀須知

巴士上

　　國外巴士上一般禁煙、禁食，最好不要吃冰淇淋、口香糖等高污染零食，瓜子、糖果更是不妥。車上多無卡拉OK等設備，若要自我介紹或是唱歌請注意安全，在美加地區，司機身後有一道白線千萬不可逾線，否則司機必須立刻停車。車窗旁有一迷你鐵錘是為緊急逃生時敲破車窗而用，不可拿下來把玩。車上洗手間是供給乘客拉肚子等緊急狀況使用，或是女性生理期更換之隱祕地。平常請盡量不要使用，以免異味難消。可利用巴士停靠公路休息站時，再去使用休息站內之洗手間。如果參加當地一日遊等遊程，上車後，請盡量往後坐，保留前座空間給殘障人士或是老弱婦孺等，但上述人等也應避免坐第一排，以免煞車時發生危險，第一排是給導遊坐的。

長途巴士

　　長途巴士多有工作時間的限制，也就是規定同一司機在一天二十四小時內只能開幾小時的車，而工作時間的起訖算法是引擎一起動就起算，中間暫停以及休息時也算在內，因為這時司機也算是待命狀態，仍屬工作時間。原則上一天至多工作九小時，每週則可以有兩次延長至十一小時，但不可連續兩天均為十一小時，以免精神無法集中。每天發動引擎

前，司機必須掀開在方向盤中間的計時計速器，重新放入當日的空白記錄表，而當天車輛的全程時速以及使用時速均會自動記錄上去。

交通警察認為車輛有違規行為時，首先要求的就是駕照、行照和記錄表，有無違規一目了然，要賴也賴不掉。因此，許多地區（尤其是歐盟國家），嚴格執行這項命令的結果是司機非常謹慎小心，因為超速還事小只是罰款，超時工作則可能被計點，累計會被吊照，在歐盟國家中永遠不准駕駛遊覽車工作，這就嚴重得多了。這項行政命令的目的一方面在使司機能保持最佳精神與體力狀態，以保乘客之安全，另一方面可以增加其他司機的工作機會。

例如說有一觀光團前往維也納旅遊，在白天就已因觀光行程用盡了法定的九小時，如果有人晚上想要去欣賞市立公園舉行的華爾滋音樂舞蹈表演時，司機只能送旅客到公園門口即離去，因為時間已到。而看完表演返回飯店時就必須分乘計程車或是再租一輛巴士送返旅客，如此不論是計程車或是另租車，都會增加維也納市民的工作機會。

泊車

大型車輛之泊車規定相當嚴格，因為不如此則會阻塞道路，造成危險。依規定只能在有停車地區的停車場內停車，有些地方規定不准泊車，但可以暫停以方便上下乘客，若停車太久一樣會被驅趕，否則罰鍰，以保持交通順暢。在瑞士等非常重視環保的國家，甚至還有一些特別規定，在泊車或暫停時必須關掉引擎，以免其產生的廢氣污染潔淨的

空氣。嚴禁隨地洗車，以免清潔劑、洗衣粉之類隨污水排入河川之中造成污染，必須在有污水處理設備的洗車點才可洗車。還好，瑞士的空氣清新乾淨，車子一個禮拜不洗也是一樣乾乾淨淨！

遊覽車司機

　　駕駛大型車輛之歐美司機，其社會地位較我國來得高，有些駕駛本身經濟條件相當好。我曾遇到有一位駕駛，他平日是開運輸機的，放長假就來開長途巴士，以與不同國家的人接觸。還有一位住在盧森堡的駕駛，他在盧森堡甚至有座莊園，還邀我有空前訪，和他一起在森林中獵野豬呢！駕駛之素質一般均不差，多會重視個人的儀表、談吐，也重視知識之吸收，由於每日奔波各國家城市，所以資訊相當豐富，可在與其交談中獲得相當實用的旅遊資訊。這一點與國內某些司機口嚼檳榔、滿口三字經、蓬頭垢面、舉止低俗的尊容是有極大的差異。

　　因此，搭乘巴士，不論市區還是長途，最好能主動和司機打聲招呼，若有其他問題或要求時，也應以禮貌的態度徵詢才是。

市區巴士

　　參加市區觀光時，使用的均是當地的市區巴士。市區觀光（City Tour）須前一日事先報名，旅行社會要求旅客某一時間在飯店大廳內等候巴士來接人，千萬別遲到，否則不但觀光行程泡湯，費用也無法退

還。來接人的巴士不一定是之後的觀光旅遊巴士，可能只是順路把各大飯店所有參加者集中在某一地區，如市中心廣場等，然後依不同的觀光路線再分乘不同巴士前往各地開始觀光行程。所以在上車時請盡量集中坐在一起，因為接人巴士是依一定的路線至各個飯店依序接人，所以請保留一些座位給後來上車的觀光客吧！

　　旅客集中分配車輛完畢即開始觀光遊程，有些有隨車導遊講解說明，有些則是司機兼任導遊，即所謂的Driver Guide，一面駕駛，一面用駕駛座旁的麥克風向車上旅客介紹景點。

　　下車參觀時請依約定時間返回原車，所以不妨記住車輛的名稱、特徵以及車號，必要時也可向司機索取行動電話號碼以防萬一。

小費

　　為了表示感謝之意，在觀光行程完畢後，可給司機及導遊一些小費。可以直接將小費交付其本人，也可以放在駕駛座旁之小籃子裡，小費的多少並無一定，可以參考其他旅客付給的數目或是一般行情。

解說

　　當司機或導遊用麥克風宣佈事情或是介紹景點時，所有人都必須保持安靜，如此不但尊重發言者，也是尊重其他人聽的權利之表現。所以，再重要的談話，待解說完再繼續吧！如國內某些觀光團之導遊聲嘶力竭的吶喊，而其他乘客仍然各說各話事不關己的場面，在國外較罕見。

搭乘遊艇的禮儀須知

　　有些市區觀光的行程中會含有遊艇觀光的項目在內，如阿姆斯特丹著名玻璃船、尼加拉大瀑布的「霧中少女號」、萊茵河遊船等。此時巴士乘客在換船遊覽時，有些必須注意的事項：

上下船

　　務必在船員把固定纜繩綁妥後，再依序上下船才不會發生意外，若是船行中途不停，則只須記得船返回原點時隨眾人一起下船即可。但若中

▲搭乘遊艇時要小心，上下船時更要注意安全。

途有乘客上下，或是你只是搭乘其中某一段時，就必須注意了，千萬不要下錯碼頭，否則你會發現船已遠去，只有你一個人孤零零地在碼頭空等，而你所搭乘的巴士已遠在別的碼頭等候其他的客人，此時，司機的大哥大電話號碼就是你的救命符了。

安全

小型船隻不准乘客隨意站立或是換座位，因為如果當船在行進中，隨便一個波浪都會造成重心不穩，乘客摔倒受傷船公司都要負責的。在狹窄的水道內航行時，頭手伸出窗外以取得最佳的拍攝角度也是危險的因素。開船之前會有安全講解，說明救生衣以及救生圈擺設的位置，務必聽清楚，不怕一萬，只怕萬一。「霧中少女號」上有供應帶帽雨衣，也請依序向船上服務人員索取穿戴，使用後也請依指定位置歸還雨衣，不可隨意丟置。除非是那種不用歸還的透明薄雨衣。

健行時的禮儀須知

　　健行（Trekking）在最近來說是一個非常普遍的名詞，意指帶著生活必需品如鍋碗瓢盆、食物以及營帳、睡袋等，前往山野中度過至少一夜以上的野營生活。其主要目的就是以徒步的方式前訪一些平常人跡罕至，但是風景宜人、景觀特殊之地，一路上可欣賞山野之旖旎風光、山區聚落、野生動物、鳥類、昆蟲以及植物礦物等，在健行嚮導的帶領解說下，可以得到相當豐富的收穫，這也是為何今日健行會如此受歡迎的原因了。

健行地區

　　只要是符合風景優美，而一般正常人可以抵達的地區均有此項活動，比較知名的有尼泊爾喜馬拉雅山區、印度喀什米爾區、錫金山區等。

天數

　　短的可以僅宿一宿，隔日便返回者；長的可達七、八天，甚至長達三週以上者。天數長短端視各人之體力負荷度與路線規劃而定，一般而言，天數愈多愈能深入山區，體會與紅塵裡、日常生活中的不同，能看到驚人美景機會也相對增大，若是時間不夠，則可挑選一段精華路線，亦能嘗試一下。

裝備

　　為了顧及一般大眾的體力有限，所以比較重、體積比較大的必需品，如營帳、寢具、炊具、食物等，均由專職挑夫負責挑運，而健行的旅客只要負責攜帶自己隨身的物品，如照相機、證照、錢財等即可。大多數地方並無新鮮食物供應，所以必須攜帶充分，麵粉、白米、油、鹽、調味料，以及休息時提供的咖啡、茶、調味包等均不可缺。甚至有些地方為了提供旅客新鮮肉類，還必須背幾隻雞或是牽一頭羊一道健行，但是牠們扮演的角色只是食物，而且永遠是只去不回。此外最好再隨身攜帶一些常用藥品，尤其是在山野中常有機會用到的刀傷藥、蚊蟲藥、腸胃藥、感冒藥、防曬乳液等，以備不時之需。還有一些健行者喜歡帶一些乾糧、餅乾、巧克力等體積小、熱量高的食物，以便行程有問題時可以防飢。

健行人員

　　選擇同伴健行必須要事先考慮仔細，除了每人的體力以及腳程不宜差距太大外，每個成員的精神狀態、合群的程度以及抗壓性，也最好加以了解，尤其是天數較長的健行，更是務必篩選一下比較保險。人數決定後，接下來就是找經驗豐富的健行旅行社，這是決定健行成敗的另一項關鍵因素。一個負責的公司會規畫建議路線，提供路線、經驗與掌控能力均優異的總指揮，他的角色非常重要，不但率領眾人前訪景觀特別的

地區，還得能預先防範危險的發生，如山崩、落石、急流、疾病、猛獸等，選擇安全的紮營地點，每天的預計行走路程以及控制手下的挑夫、廚師、小弟等的工作和言行舉止等，儼然就是軍隊中的總指揮官。

挑夫人數

挑夫人數與所攜總重有關，原則上每名挑夫可以背負二十五至三十五公斤的重量，也有些厲害的挑夫居然可以背五十公斤的重物行走數日。再加以其他工作人員，所以雖然只是五、六個人的小健行隊，加起來可達二十餘人，浩浩蕩蕩好像行軍一般。

山區住宿

比較流行的路線大都會有小木屋的設備，但其中設備非常簡易，僅有床板、餐桌等，有些則可供應熱水浴、爐火烤火等，其中若有棉被也沒人想用，多是又溼又有霉味，可能還有跳蚤隱藏其中，不可不慎。大多數地區得使用營帳，原則上兩人共一帳，營帳倒是相當現代化，多可防風雨，有時反而比住小木屋更舒適。睡袋、枕頭、睡墊等均由山下背上來，可以向旅行社一起租用，也可以自己購買，比較乾淨、衛生。

餐飲

山區人跡罕至，食物也是由挑夫背負上山的，決定紮營地點後，負責烹飪的人員會先前往，埋鍋造飯、生火烹茶。待大隊人馬抵達後，就可以享受豐盛的一頓晚餐了，但豐盛也只是比起午餐的相對說法而已，絕對與平地是無法相較的。在健行途中也會有咖啡、茶等飲料提供，多是在景觀較佳之處，一面喝著香噴噴的咖啡，一面欣賞宜人的風光，誠為人生一大樂事也。如果個人有特別的偏好，也可以自行攜帶薑茶、可可粉，甚至奶粉等。

娛樂

健行最大娛樂就是在健行過程之中，體會大自然的偉大和奇妙，想想看，面對千層雪山，靜靜坐看雲起，凝視滿天星光燦爛，四周夜色漸濃……是何等的感覺啊！所以說，只要是健行過的朋友都會一而再、再而三地前訪，荒寂大地中人與人的距離也不再遙遠。另外可以算得上是娛樂的，就是夜晚時分晚餐過後，營火仍熾時，熱情的工作人員會圍著營火縱情歌舞，這也是他們辛勤工作一天之後唯一自娛亦娛人的時刻了，歌謠純樸，舞步簡易，卻是當地文化最真誠的呈現，要了解當地文化，這是一個很好的機會。

行走

指揮會依旅客的大約腳程來決定出發和休息的時間，並在每日早餐後、出發前告知眾人，而大家也應謹記並遵行規定事項，因為只要一人違規，受到影響的是全體，所以不要當那隻黑羊吧！

下山優先

在登山途中若遇其他隊伍，則須遵守下山優先的不成文規定，禮讓其先行，而遇馬隊、騾隊時也宜禮讓，尤其是在地形險峻的山區，如大峽谷下谷途中的步道等，側身讓騾隊先行，也不可戲弄、驚嚇騾子，以免其受驚而把騎者摔下山去！

巧遇其他的健行隊時

不妨主動打招呼，順便了解前面最新情況，如天氣、氣溫及路況等，最起碼也要點個頭微笑一下表示友善，切不可不理不睬、視若無睹。

紮營地

若有其他隊伍也紮營於此，則可趨前伸出友誼之手，畢竟能在山中相逢也是難得的緣分。若見其他營隊相當疲累，或是次晨須早行而提早就寢時，也宜盡量放輕腳步，避免噪音擾人，對方會感激於心的。

當地居民

路上一定會遇到當地居民，此時不妨學一些簡單的當地問候語以表示友誼。另外須尊重當地的風俗習慣，如在佛教地區、印度教地區、回教地區的風俗都是迥然不同的，宜加注意。

若是有可能隨身帶一些小禮物，如原子筆、打火機等價廉又實用的物品，贈與當地人將是很好的交流禮物。

環保

有一句口號：只帶走回憶，不帶走任何東西；只留下足跡，不留下任何東西。沒錯，我們前往其他國家地區，除了要遵守當地政府的相關規定外，在有些較落後地區並無明文規定時，也應謹守上述口訣。畢竟，若在名山勝水之佳地觸目即見滿地垃圾、易開罐、保特瓶時，不知你心中做何感想？

與人相處

雖說「工作人員」是我們付以酬勞而來為我們工作的，但也必須尊重對方，不可在言語或是臉色方面輕辱之，適度的尊重，常有令人驚喜的回饋。

野廁

　　山區多無洗手間的設備，所以均以野廁爲之。男性還算方便，可以就地尋方便，女性則較麻煩，一方面要找較隱祕之處，一方面又怕遇到毒蛇、野蜂之類的騷擾，此時可告知指揮人員，憑藉其經驗代尋較佳之地點，可以避免潛在危險，同時最好找人做伴較妥，不要單獨前往。

附錄

國外旅遊
趨吉避凶妙招

第一節 藥品勿漏帶

　　國外的醫療費用非常高昂，這是因爲我們是外國人，所以並沒有該國之醫療險之故，所以在國外生病是很令人吃不消的，不很嚴重的話，自行服藥是較經濟的。國外有不少地方買藥一定需要醫師處方箋，否則不得販售（一般的阿斯匹靈等常用藥不受制限），所以生病時得先去看醫生，再至藥局憑箋拿藥，非常的辛苦。

◎出國時主要攜帶的藥品有：感冒藥、止痛藥、腸胃藥、外傷藥、暈機藥、OK繃等，女性的生理用品也要帶足夠，因有些落後地區並無販售，歐美地區則只習慣用棉條。

　高海拔地區須帶防高山症的特效藥；熱帶地區則必須攜帶防瘧疾、霍亂等之藥品，並在出發前施打預防針，以策安全。

　醫療保險甚爲重要，因爲一旦嚴重到要入院治療時，必須支付的金額是非常可觀的。所以花點小錢，買一個心安吧！

第二節 防扒、搶、竊與騙術大觀

◎**售物招**：一方假裝售物，另一方用手查出對方錢財放置處，然後由其中一人下手扒竊，若被發現則立即變扒爲搶，而且四散奔逃，由於其中不少無國籍者在各地流浪，警察也不易處理。

◎**掉銅板招**：一個人在公共場合，有一妙齡女郎走到你身邊「不小心」

掉了一地銅板，你該不予理會，因為若幫她撿銅板，身旁的皮包可能不翼而飛。

◎**搶奪皮包**：在南歐地區常有機車黨，由婦女身後騎機車悄然而至搶走皮包後快速離去，防範之道是將皮包內側背。

◎**割行李**：在機場或飯店大廳常會發生旅客行李被利刃割開其中財務被竊情事。碰到大家都須離開行李時，可請飯店服務人員暫顧，另外，儘量使用塑鋼硬殼皮箱。

◎**假美鈔**：一般來說十、二十美元的美鈔很有少假的，但一百元的不少，下列為簡單方便的辨識方法：

1. 以手指輕敲紙幣，或聲音輕脆則應為真品，否則須再檢。

2. 檢視鈔面上是否紅藍細纖維，若無纖維者定為贗品，若有纖維則可用針尖挑起，挑不起來的也是假鈔。

3. 正面綠色圓章可用力擦在白紙上留痕，而圓章本身顏色不會擦掉者為真品。

◎**跑檯子**：歹徒通常三、四人一組，看見有人在櫃檯上填寫單據或詢問事情，而把手提箱放在腳旁邊時，會伺機擠在其身旁，把手中類似的提箱放在其提箱旁邊，企圖掉包。轉機前經第三地時，也常有行李被人「乾洗」，尤其是落後地區之機場更是常有所聞。防制之道在於儘量選擇堅固的皮箱，可再加上兩條帆布皮帶加強。

◎**兌換外幣**：兌幣最好在合法的地方，雖然匯率較差，但安全無慮。合法兌換外幣之地以最划算的排名來看，應是「**市內銀行→兌換中心→機場銀行→飯店櫃檯**」。有些兌換中心匯率若扣掉手續費會比市內銀行還來的好，有些還不收手續費，否則不妨先換一些試試看，再決定去那裡換才不吃虧。

　購物時詐騙之事以東南亞地區最著，例如珠寶金店內之珠寶多屬贗品或劣質品。玉店則提高售價、將次級品當高級品銷售，有些則是以雷射、染色方式蒙混客人。有些銀器看似光彩奪目、價格合理，但小心那些銀器根本就是鍍銀而非純銀。某些地方購物後必須親眼見其包裝，否則不注意時另以瑕疵品代替之就血本無歸了。

第三節　飲食

　美加地區，中、西北歐的自來水均可生飲，熱水則僅供洗滌用，其它地區則最好飲用礦泉水，甚至在某些地區連礦泉水在使用前也須檢查是否密封。食物則忌生食，包括生菜沙拉、冰塊在內均避免食用，印度尼泊爾地避食咖哩等辛辣食物，東南亞地區則勿食路邊攤及瓶裝椰子汁。熱帶地方儘量避免帶餐盒食用，否則可能引起腹瀉甚至食物中毒。用餐時最好選擇熟食，海鮮魚蝦等務必放棄。印尼、馬來西亞旅遊區的海鮮頗富盛名，但火烤烹煮海鮮則必須小心，若烤不熟，吃下去可能生病。

第四節 水上活動

◎**游泳池**：國外有不少飯店的泳池都沒有救生員，所以安全必須自行負責，下水前記得做熱身活動，且確定泳池深、淺水之區域分佈。

◎**海灘**：飯店附屬或公共海水浴場的海灘是比較安全的，因為海水之深度是緩降型，不會因有深有淺而發生意外。

◎**浮潛**：人在出事時才會發現救生衣的重要，至少它可讓你清清楚楚的待在海面上，靜待救援的到來，即使你已經身受重創。

◎**潛水**：潛水前須仔細檢查裝備，面罩、氧氣瓶、指示器，鉛塊等附帶裝備也不可忽略。下海後務必遵守教練之手勢行事，否則就有可能發生危險。

◎**泛舟**：泛舟時救生衣、安全帽等裝備不可少，這些可是翻船時或落水時救命的要件。另外更換的備用衣物，太陽眼鏡、防曬油、遮陽帽、長袖上衣等也最好帶全，因為長時間的曝曬，很可能會皮膚曬傷。出發前均會有安全講解，確實遵守規定，如操槳方式與口令、騎舟方式、落水後應如何自保等，事實眾人安全不可輕忽。在登舟之前一定會先行分配位置，位置分配好後在行進時不可中途換位置，以免重心不穩而落水。有些小木舟有船伕搖槳、載客遊湖，此時要注意舟身平衡外，在船隻集中時要注意手不要放在船舷外側，以免被其他的小舟給擠壓受傷。

◎汽艇：救生衣、安全帶是兩樣最重要的東西。若有特殊疾病如骨質疏鬆症、心臟病、高血壓等也必須在出發前先詢問清楚是否適合參加。

◎海釣：海釣可分兩種，一種是以快艇出海，其後以長線釣桿放長線釣大魚方式來海釣，不過由於費用相當高。另一種則是以漁船或交通船進行海釣，每船依船大小可載二十到三十人，船是停在海上不動的。

第五節 索賄

索賄並不是地落後地方官員的專利，文明進步的國家一樣也是會發生，只是頻率比較低，以及是否有機會要脅罷了。

國人比較熟知的索賄國家有印尼、菲律賓、尼泊爾、印度、緬甸、高棉、越南等，若索賄方式不一，目的則同，就是以雞蛋中挑骨頭的找碴方式為之，而有些則根本明目張膽的開口、伸手，而且還有行規呢！

◎印度：在德里等首都地區還好，最多是要幾包香煙，一些小禮物等，胃口不大膽子也小，而且常有高級警官巡邏，所以還不算太猖狂，但是在加爾各達就是另外一回事了。加爾各達機場，只要飛機一抵達，所有官員就全體精神振奮起來了，待旅客過了移民關，在行李轉盤處等待行李時，就會有一名代表前來當殺手，此人多是階級較低者，前來時一律取下胸前的識別證，一副準備做壞事的樣子，首先找領隊，言明每須付若干，整團可以打點折扣，少收一點，若是不給，那等會

過關時保證每件行李徹底，若有食物，水果等一律從嚴沒收、罰款。
但是若能彼此成協議，則大家方便，由其旁之走道直接走出去即可，
索賄對象只限索方人，連前來朝聖的泰國和尚亦不放過，氣得師父哇
哇大叫，官員還一副嬉皮笑臉的樣子，但是當和尚團根本不理他
自走出去時，也不見有誰敢上前攔阻，可見只是虛張聲勢罷了。

◎尼泊爾：和印度相較，尼泊爾索賄的方式就有禮貌的多了。抵達機場
移民關時，由於該國採落地簽證，所以總是大排長龍。此時自然會有
官員前來指導，告之讓大家排隊等總是不太好，不妨把證照及表格交
由他們來協助辦理，旅行團的客人可以先下樓去領行李，或是上上洗
手間等，等到所有證照統統辦妥後後自然會雙手奉上而且面帶笑容，
此時，就是你掏腰包付錢的時侯了。
他們胃口不大，服務又好，所以有不少旅行的領隊都會付給，一個人
一塊美金，就當做給小費吧！

◎印尼：不論在雅加達、峇里島都差不多，移民關與海關自索賄互不相
干。移民關會籍口某些人的護照似乎有問題而加以刁難，詢問，就算
護照毫無問題也會用偵偽燈左照右照，裝模作樣的，明眼人一看就知
道怎麼回事，若不想耽擱太久，就付點錢打發他們吧！否則出關是沒
問題，可是總得耗個三、五十分鍾的。
海關則是老套，小費一拿全體放行，其實海關在檢查時根本只是心不
在焉的做做樣子罷了！目光總是向負責收略的官員那邊瞟，一但收到

賄金，立刻蓋上皮箱不再檢查，否則就在那邊慢慢摸、慢慢翻的。

◎**菲律賓**：進移民關、海關時與印度相似，只是在離開機場以後若是遇有警察仍有機會被索賄，否則就會上車查看旅客，檢查司機是否違規違法之類，只要錢一塞，馬上走人。

另外觀光地區，警察也常把違規的小販趕走，不是為了維護秩序，而且方便自己做點小買賣，他們所賣多與警用配件有關，如警徽、警用手銬等，其實這不算什麼，要知道在尼泊爾，你可以向衛兵買他身上配的軍用庫庫里彎刀，只是一個是把別人趕走自己賣；一個是躲在皇宮禁區做生意。

106-□□
台北市新生南路3段88號5樓之6

揚智文化事業股份有限公司　　收

□□□-□□
地址：　　市縣　　鄉鎮市區　　路街　段　巷　弄　號　樓
姓名：

Leaves
Publishing

書號 L4302　　　書名 做個有禮貌的地球人——國際生活禮儀

葉子出版股份有限公司

讀·者·回·函

感謝您購買本公司出版的書籍。
為了更接近讀者的想法，出版您想閱讀的書籍，在此需要勞駕您
詳細為我們填寫回函，您的一份心力，將使我們更加努力！！

1.姓名：＿＿＿＿＿＿＿＿＿＿

2.性別：□男 □女

3.生日／年齡：西元＿＿＿＿年＿＿＿月＿＿＿日＿＿＿＿歲

4.教育程度：□高中職以下 □專科及大學 □碩士 □博士以上

5.職業別：□學生 □服務業 □軍警 □公教 □資訊 □傳播 □金融 □貿易
　　　　　□製造生產 □家管 □其他＿＿＿＿＿＿＿＿＿＿＿＿

6.購書方式／地點名稱：□書店＿＿＿＿ □量販店＿＿＿＿ □網路＿＿＿＿
　　　　　　　　　　　□郵購＿＿＿＿ □書展＿＿＿＿＿ □其他＿＿＿＿

7.如何得知此出版訊息：□媒體＿＿＿＿ □書訊＿＿＿＿＿ □書店＿＿＿＿
　　　　　　　　　　　□其他＿＿＿＿＿＿＿＿＿＿＿＿＿

8.購買原因：□喜歡作者 □對書籍內容感興趣 □生活或工作需要 □其他＿＿＿

9.書籍編排：□專業水準 □賞心悅目 □設計普通 □有待加強

10.書籍封面：□非常出色 □平凡普通 □毫不起眼

11.E—mail：＿＿＿＿＿＿＿＿＿＿＿＿＿＿＿＿＿＿＿＿

12.喜歡哪一類型的書籍：＿＿＿＿＿＿＿＿＿＿＿＿＿

13.月收入：□兩萬到三萬 □三到四萬 □四到五萬 □五萬以上 □十萬以上

14.您認為本書定價：□過高 □適當 □便宜

15.希望本公司出版哪方面的書籍：＿＿＿＿＿＿＿＿＿＿

16.本公司企劃的書籍分類裡，有哪些書系是您感到興趣的？
　　□忘憂草（身心靈）□愛麗絲（流行時尚）□紫薇（愛情）
　　□三色堇（生活實用）□ 銀杏（健康）□風信子（旅遊文學）□向日葵（青少年）

17.您的寶貴意見：＿＿＿＿＿＿＿＿＿＿＿＿＿＿＿＿＿＿＿＿＿
＿＿＿＿＿＿＿＿＿＿＿＿＿＿＿＿＿＿＿＿＿＿＿＿＿＿＿＿＿＿
＿＿＿＿＿＿＿＿＿＿＿＿＿＿＿＿＿＿＿＿＿＿＿＿＿＿＿＿＿＿

☆填寫完畢後，可直接寄回（免貼郵票）。
　我們將不定期寄發新書資訊，並優先通知您
　其他優惠活動，再次感謝您！！

葉子
Leaves
Publishing

根
以讀者為其根本

莖
用生活來做支撐

葉
引發思考或功用

果
獲取效益或趣味